T0196112

essentials

Essentials liefern aktuelles Wissen in konzentrierter Form. Die Essenz dessen, worauf es als „State-of-the-Art" in der gegenwärtigen Fachdiskussion oder in der Praxis ankommt. *Essentials* informieren schnell, unkompliziert und verständlich

- als Einführung in ein aktuelles Thema aus Ihrem Fachgebiet
- als Einstieg in ein für Sie noch unbekanntes Themenfeld
- als Einblick, um zum Thema mitreden zu können

Die Bücher in elektronischer und gedruckter Form bringen das Fachwissen von Springerautor*innen kompakt zur Darstellung. Sie sind besonders für die Nutzung als eBook auf Tablet-PCs, eBook-Readern und Smartphones geeignet. *Essentials* sind Wissensbausteine aus den Wirtschafts-, Sozial- und Geisteswissenschaften, aus Technik und Naturwissenschaften sowie aus Medizin, Psychologie und Gesundheitsberufen. Von renommierten Autor*innen aller Springer-Verlagsmarken.

Quirin Graf Adelmann v. A. · Stefan Räth

Konzern und Start-up zwischen Innovation und Funktion

Als Unternehmer das Beste aus beiden Welten verbinden

Quirin Graf Adelmann v. A.
IQ Projektmanagement GmbH
Berlin, Deutschland

Stefan Räth
Berlin, Deutschland

ISSN 2197-6708   ISSN 2197-6716   (electronic)
essentials
ISBN 978-3-658-44623-9   ISBN 978-3-658-44624-6   (eBook)
https://doi.org/10.1007/978-3-658-44624-6

Die Deutsche Nationalbibliothek verzeichnet diese Publikation in der Deutschen Nationalbibliografie; detaillierte bibliografische Daten sind im Internet über https://portal.dnb.de abrufbar.

Planung/Lektorat: Ulrike Loercher
Springer Gabler ist ein Imprint der eingetragenen Gesellschaft Springer Fachmedien Wiesbaden GmbH und ist ein Teil von Springer Nature.
Die Anschrift der Gesellschaft ist: Abraham-Lincoln-Str. 46, 65189 Wiesbaden, Germany

Das Papier dieses Produkts ist recycelbar.

Was Sie in diesem *essential* finden können

- Eine Übersicht zu Vor- und Nachteilen zwischen Konzern und Start-Up
- Vorschläge zur Veränderung und Eliminierung der operativen Nachteile
- Wege zur Konzentration auf Produkt und Dienstleistungsentwicklung
- Strategische Wettbewerbsvorteile für Management und Team

Inhaltsverzeichnis

Einleitung

1

Große Unternehmen und Konzerne sind auf der fast verzweifelten Suche nach Wegen, um Innovationen zu entwickeln und umzusetzen. Um der Falle starrer Konzernstrukturen zu entkommen, richten sie mittlerweile eigene Gesellschaften ein. Doch Strukturen und gesetzliche Berichtspflichten machen diese Unternehmen oft träge und schwerfällig. Im Gegensatz dazu gründen viele junge Menschen Start-ups, motiviert durch den Wunsch, spontane Ideen in technologische und softwarebasierte Geschäftsmodelle zu verwandeln. Start-ups, definiert als Unternehmen, die jünger als acht Jahre sind, mangelt es häufig an Struktur und vorhersehbarem Kapital. Die Frage stellt sich: Wie können Start-ups und etablierte Unternehmen ihre jeweiligen Hindernisse und Mängel überwinden und voneinander profitieren? Mutige Veränderungen und ein systematischer Ansatz könnten der Schlüssel sein, um Unternehmen innovativer zu machen und Ideen lebensfähig zu erhalten. Dies erfordert ein tiefgreifendes Verständnis beider Bereiche und ein Management, das strategisch entschlossen und in der Umsetzung kompromisslos das Beste aus beiden Welten zusammenführt. Eine Win-win-Situation für Unternehmen und Gesellschaft in einer herausfordernden globalen Landschaft, wo es überlebenswichtig wird, diese beiden Sphären miteinander zu vereinen.

Aufgabe und Zweck eines Unternehmens

2

2.1 Rechtliche und gesellschaftliche Funktion des Unternehmens

Soziale Marktwirtschaft – ein zum Teil kritisch gesehener Begriff in der heutigen Zeit (nicht zu verwechseln mit Finanzkapitalismus) – steht und fällt mit Unternehmertum. Es braucht Unternehmen, die Menschen beschäftigen und Gewinne durch Produktion, Verarbeitung und Dienstleistung erwirtschaften. Damit lassen sich Steuereinnahmen generieren, die letztlich die Aufgaben des Staates und der Gesellschaft überhaupt erst finanzierbar machen. In den letzten gut zehn Jahren jedoch sind immer wieder Unternehmen entstanden, die die klassische operative Gewinnerzielungsabsicht vermissen lassen. Es geht um fiktive Wertschaffung für einen Exit-Fall eines auf kurze Zeit angelegten Projekts, von dem dann wenige profitieren. Das Geld kommt von Anlegern, die wiederum Erspartes von Menschen einsammeln, um es dann hochriskant zu investieren. Unternehmertum bedeutet jedoch, auf Dauer angelegt und profitabel zu sein. Unternehmen stellen sich im Wettbewerb mit Konkurrenten der Frage nach ihrer Existenzberechtigung. Menschen werden beschäftigt und für ihre Arbeits- und Lebenszeit bezahlt. Daraus wird wiederum Infrastruktur, Bildung, Energieversorgung und Verteidigung erst ermöglicht. Steuerlich-rechtlich muss ein Unternehmen innerhalb von fünf Jahren Gewinne erzielen. Alles andere gilt als Liebhaberei und müsste als Unternehmen gelöscht werden.

© Der/die Autor(en), exklusiv lizenziert an Springer Fachmedien Wiesbaden GmbH, ein Teil von Springer Nature 2024
Q. Graf Adelmann v. A. und S. Räth, *Konzern und Start-up zwischen Innovation und Funktion*, essentials, https://doi.org/10.1007/978-3-658-44624-6_2

2.2   Der Konzern

Rechtlich gesehen ist ein Konzern der Zusammenschluss mehrerer eigenständiger Unternehmen unter einer herrschenden Gesellschaft oder Struktur (§ 18 Abs. 1 AktG). In diesem Buch geht es allerdings nicht um die rechtliche oder förderähnliche Abgrenzung von Mittelstand, d. h., Unternehmen mit mehr als 50 Mio. EUR Umsatz und mehr als 500 Mitarbeitenden [1]. Der Gesetzgeber verlangt immer schärfere Regularien, je größer ein Unternehmen ist. Ein klassisches Beispiel dafür ist das neue Lieferkettensorgfaltspflichtengesetz, das in Zukunft sogar für Unternehmen ab 250 Mitarbeitenden gelten soll. Diese Sonderauflagen des Gesetzgebers erfordern immer wieder neu oder zusätzlich geschaffene Abteilungen sowie Zwischenebenen, die intern und extern Bericht erstatten. Konzerne kämpfen also mit dem Aufblähen von Wasserkopf-Abteilungen, die jedenfalls nicht direkt mit Produkt und Dienstleistung des jeweiligen Konzerns zu tun haben. In kleinen und mittleren Unternehmen entscheiden die Inhaber oder Geschäftsführer noch höchstpersönlich und entsprechend schnell, weil es schlichtweg an Zuständigen für Personal, Marketing, Vertrieb, Gleichstellungsbeauftragte, Bildungsbeauftragte, Qualitätsmanager usw. fehlt.

Die Kernfragen eines jeden Unternehmens sind, wie Produkt oder Dienstleistung möglichst optimal, dauerhaft und anpassungsfähig den jeweiligen Kunden angeboten werden können und gleichzeitig die Basis des wirtschaftlichen Überlebens für Unternehmen und Mitarbeitende im Kampf gegen den Wettbewerb sicherstellen. Je weiter das Tun oder die Beschäftigung von Produkt und Dienstleistung entfernt sind und je höher der Aufwand für die Aufrechterhaltung von Strukturen wird, die nicht mit der Produktion oder dem Vertrieb des Produkts zu tun haben, desto schwerfälliger wird ein Unternehmen. Heute brauchen Banken beispielsweise mit den sich immer verschärfenden Regularien von Basel IV mit inzwischen 4000 Seiten für einen kreditvergebenden Mitarbeiter gut 13 Backoffice-Mitarbeiter [2], um die Anforderungen des Gesetzgebers sowie des Wettbewerbs zu erfüllen. Die Kernleistung für den Kunden hat sich dadurch gleichwohl nicht verbessert. Kreditentscheidungen können – je nach Beteiligung Dritter wie Grundbuchamt oder Förderbanken – drei Monate dauern [3]. Für den Kunden hat sich trotz Erweiterung von Regularien nichts beschleunigt, und man darf außerdem anzweifeln, ob Basel I–IV jemals Finanzkrisen verhindert haben oder verhindern werden.

Die Deutsche Bahn ist ein weiteres gutes Beispiel: Inzwischen hat die Deutsche Bahn 340.000 Mitarbeitende [4]. Obwohl seit 1955 gut ein Drittel des Streckennetzes abgebaut wurde, [5], sind seit 2005 50 % mehr Mitarbeitende bei der Deutschen Bahn hinzugekommen [6]. Dennoch hat die Deutsche Bahn

Stand 2023 den niedrigsten Grad an Pünktlichkeit aller Zeiten: lediglich 64–67 % der Züge kommen pünktlich oder überhaupt an [7]. Es gibt zahlreiche Gründe dafür, warum die Deutsche Bahn derart unpünktlich ist. Ohne politisch zu werden, stellt sich jedoch die Frage: Was machen denn all die Mitarbeitenden bei der Deutschen Bahn den ganzen Tag über? Im Kern ist es wie in jedem großen Unternehmen oder Konzern: Es gibt aufgeteilte Geschäftsbereiche: Digitalisierung, Personal, Recht, Finanzen, Logistik, Personenverkehr, Regionalverkehr, Güterverkehr, Infrastruktur und entsprechende Vorstandsposten, die Budgets erhalten und untereinander um jeweilige Bedeutung kämpfen. Dazu kommen gesellschaftliche Verantwortung, Gewerkschaften, Personal- oder Betriebsräte, Gleichstellungsbeauftragte usw. Kein Vorstand ist imstande, eine Entscheidung allein zu vertreten. Alle müssen in einem Konzern eine gewisse Beteiligung genießen, und jeder Bereich will naturgemäß gehört werden. Zudem will ein Einzelner nicht allein entscheiden oder Verantwortung tragen.

Die Konsequenz sind langsam und unklar getroffene Entscheidungen, möglicherweise weit weg vom Kundennutzen und/oder jedem Profitabilitätsbestreben des Unternehmens. Zudem werden Entscheidungen in Konzernen häufig extern vergeben. Es gibt inzwischen 26.000 Unternehmensberaterfirmen mit gut 43 Mrd. Jahresumsatz [8]. Frei nach dem Grundsatz: besser, eine falsche Entscheidung wird außerhalb des Unternehmens getroffen, als selbst zu entscheiden. Die Angst, eine Fehlentscheidung zu treffen, ist enorm und insbesondere in jedem Konzern sehr ausgeprägt. Und ob diese Konzernstrukturen überhaupt helfen, sicherzustellen, die neuen gesetzlichen Anforderungen zur Weitergabe an internationale Lieferanten ohne Eigenbeschädigung zu erfüllen, mag bezweifelt warden [9]. Um eine Entscheidung in einem Unternehmen auf Basis einer zunächst festgelegten Strategie zu treffen, bedarf es vieler Monate -teilweise Jahre – der Bearbeitung. Selbst die Bearbeitung von Vorgängen mit geringer Tragweite wie beispielsweise die Bewerbung eines neuen Mitarbeitenden in Zeiten von Fachkräftemangel dauert unfassbare zwei Monate im Durchschnitt nach dem aktuellen Glassdoor-Ranking [10].

Gleichwohl hat ein Konzern auch Vorteile. Zum einen entrichten große Unternehmen um gut 25 % höhere Gehälter für Mitarbeitende, als für vergleichbare Tätigkeiten von kleinen Unternehmen gezahlt werden (können). 2900 große Unternehmen mit mehr als 3000 Mitarbeitenden und knapp der Hälfte aller Arbeitnehmer und Arbeitnehmerinnen sind in der Bundesrepublik aktiv [11]. Konzerne sind zudem weltweit aktiv und gehören aus Deutschland in einigen Branchen noch immer zu den weltweit führenden. Der Zugang zu internationalen Märkten ist somit gelernt und erleichtert auch das persönliche Weiterkommen eines jeden Einzelnen im Großunternehmen erheblich [12].

2.3 Das Start-up

Ein Start-up ist ein neu gegründetes Unternehmen, das auf einer innovativen Produktidee oder einem neuen disruptiven Geschäftsmodell basiert. Insbesondere in der Anfangsphase ist der Innovationsgrad der Haupttreiber des Unternehmenswachstums und entscheidend für den Unternehmenserfolg. Meist ist das Ziel ein Exit, und die damit verbundenen möglichen Verkaufserlöse des Unternehmens sind ein weiterer Treiber für die Gründung eines solchen Unternehmens. Damit einher geht, dass das Start-up relativ schnell eine relevante Marktdurchdringung und Skalierung erreichen muss.

Besonders in der Frühphase (1–3 Jahre nach Gründung) sind diese Unternehmen mit vielen Problemen gleichzeitig konfrontiert. Neben den offensichtlichen Problemen jeder neuen Produkteinführung wie

- Erreichen von Product-Market-Fit
- Festlegung der Kundenzielgruppe
- Skalierung von Umsatz
- Reduzierung der Customer Acquisition Costs
- Erreichung der erforderlichen Produktqualität

kommen beim Start-up noch weitere Schwierigkeiten hinzu. Diese resultieren meist aus einem oder mehreren der folgenden Punkte:

- Mangel an Kapital
- Zu wenig Personal und Kompetenzen für die vorhandenen Tätigkeiten
- Fehlende und nicht etablierte Unternehmensstrukturen und -prozesse, besonders in Nebenbereichen wie Finance, HR, Legal oder Operations.

Dies stellt das Start-up vor Herausforderungen, die jeweils einzeln oder in Kombination zum Scheitern des Unternehmens führen können, wenn es nicht gelingt, diese besonders in kritischen Situationen entsprechend zu lösen. So ist es nicht überraschend, dass 90 % dieser Unternehmen scheitern [13] und nur wenige Start-ups den erhofften Exit erreichen. Die Einschätzung der Überlebensfähigkeit der verbleibenden 10 % basiert oft auf nur einer der Anforderungen: Besteht Aussicht auf Profitabilität? Gibt es Umsatz? Teilweise wird sogar als ausreichend betrachtet, wenn das Start-up überhaupt Kunden hat.

Allerdings eröffnen sich durch noch nicht existierende und damit noch zu schaffende Strukturen auch Vorteile im Vergleich zu einem etablierten Unternehmen, da Abstimmungen und Entscheidungen meistens wesentlich schneller und teilweise auch radikaler getroffen werden können. Ein meist kleines Kernteam ermöglicht ebenfalls weitere Geschwindigkeit in der Umsetzung, wenn dieses mit einer effektiven Meeting Struktur und Arbeitsweise gepaart wird. Somit besteht die große Chance, dass im Start-up Abstimmungsprozesse sehr dynamisch und unbürokratisch ablaufen und man somit viel agiler agieren kann als in einem bereits etablierten Unternehmen.

Literatur

1. Bundeszentrale für politische Bildung. Das Lexikon der Wirtschaft: Mittelstand. https://www.bpb.de/kurz-knapp/lexika/lexikon-der-wirtschaft/20129/mittelstand/, abgerufen am 14.02.2024
2. Alberth M (15.01.2019), Die „50 bis 80 Prozent Kostensenkungswette". Der Bank Blog, https://www.der-bank-blog.de/kostensenkungsmanagement/strategie/38734/, abgerufen am 14.02.2024
3. Baum B (16.03.2018), Kreditantrag – Bearbeitungsdauer. Finanzierung 4 Startups, https://finanzierung4startups.com/kreditantrag-bearbeitungsdauer/, abgerufen am 14.02.2024
4. Deutsche Bahn. Investor Relations: Über uns. https://ir.deutschebahn.com/de/db-kon zern/ueber-uns/, abgerufen am 14.02.2024
5. Gäbler S, Krause M, Rösel F (2021). 15 000 Kilometer Bahnstrecken weniger als vor 70 Jahren in Deutschland– Ost und West gleichermaßen betroffen. ifo Institut, https://www.ifo.de/DocDL/ifoDD_21-04_03-06_Gaebler.pdf, abgerufen am 14.02.2024
6. Statista Research Department (2023). Anzahl der Mitarbeiter in der Deutsche Bahn AG in den Jahren 2005 bis 2022. Statista GmbH, https://de.statista.com/statistik/daten/studie/13591/umfrage/beschaeftigtenzahl-der-deutsche-bahn-ag/, abgerufen am 14.02.2024
7. Tagesschau (2023). Deutsche Bahn verpasst ihr Pünktlichkeitsziel. https://www.tagess chau.de/wirtschaft/unternehmen/deutsche-bahn-puenktlichkeit-ziele-verfehlung-100. html, abgerufen am 14.02.2024
8. Statista Research Department (2023). Umsatz der Unternehmensberatungsbranche in Deutschland von 2001 bis 2022. Statista GmbH, https://de.statista.com/statistik/daten/studie/7120/umfrage/umsatz-der-unternehmensberatungsbranche-in-deutschland/, abgerufen am 14.02.2024
9. ntv (2023). BMW in Not wegen Zulieferer in Marokko. https://www.n-tv.de/wirtsc haft/BMW-in-Not-wegen-Zulieferer-in-Marokko-article24526788.html, abgerufen am 14.02.2024
10. Dannoritzer M (2019). So lange brauchen Lidl, Audi & Co, bis sie sich bei Bewerbern zurückmelden. WELT, https://www.welt.de/wirtschaft/karriere/article20010 2208/Glassdoor-Ranking-So-lange-dauert-der-Bewerbungsprozess.html, abgerufen am 14.02.2024
11. Statistisches Bundesamt (2024). 56 % in kleinen und mittleren Unternehmen tätig. Destatis, https://www.destatis.de/DE/Themen/Branchen-Unternehmen/Unternehmen/

Kleine-Unternehmen-Mittlere-Unternehmen/aktuell-beschaeftigte.html, abgerufen am 14.02.204

12. Fehr M (2023). Konzerne machen 4.000.000.000.000 Euro Umsatz. FAZ, https://www.faz.net/aktuell/wirtschaft/unternehmen/trotz-inflation-und-krieg-rekordumsaetze-fuer-deutsche-konzerne-19006906.html, abgerufen am 14.02.204

13. Schroeder B (2023). How To Avoid Being In The 90% Of Entrepreneurial Startups Who Fail: Six Insights On How To Find Real Problems. Forbes, https://www.forbes.com/sites/bernhardschroeder/2023/06/15/how-to-avoid-being-in-the-90-of-entrepreneurial-startups-who-fail-six-insights-on-how-to-find-real-problems/?sh=31a3b3f66564, abgerufen am 14.02.2024

Bestandteile der Unternehmung 3

3.1 Das Management

Das Management einer Unternehmung lässt sich ganz vereinfacht in zwei Bereiche einteilen: Wer ist wofür verantwortlich und wie wird etwas erledigt. Demnach ergibt sich eine Aufteilung in das institutionelle und das strukturelle Management, welches den prozessualen Ablauf von Entscheidungen und daraus resultierende Aufgaben regelt.

Das institutionelle Management bzw. die berufenen Entscheidungsträger haben vereinfacht gesagt die Aufgabe, das Unternehmen nach außen und innen zu schützen und somit den Unternehmenserfolg zu verantworten und sicherzustellen.

Das strukturelle Management soll den Rahmen bilden, in dem die Umsetzung der Unternehmensziele erfolgreich gelingen soll. Hier fließen sowohl die Unternehmensorganisation als auch die Unternehmensprozessstrukturen mit ein.

3.2 Strukturaufteilung

Organigramme und Personen werden immer wieder angepasst und sind ein jährlicher Schwerpunkt der Aufgaben sowohl von Konzernen als auch von Start-ups Abb. 3.1.

Über Strukturen in Unternehmen sind zahlreiche gute und wissenschaftlich umfangreiche Bücher erschienen. Letztlich geht es darum, Aufgaben für das Unternehmen zur Problemlösung strategisch und operativ so zu verteilen, dass sie im Unternehmen transparent und außerdem hierarchisch geordnet sind.

© Der/die Autor(en), exklusiv lizenziert an Springer Fachmedien Wiesbaden GmbH, ein Teil von Springer Nature 2024
Q. Graf Adelmann v. A. und S. Räth, *Konzern und Start-up zwischen Innovation und Funktion*, essentials, https://doi.org/10.1007/978-3-658-44624-6_3

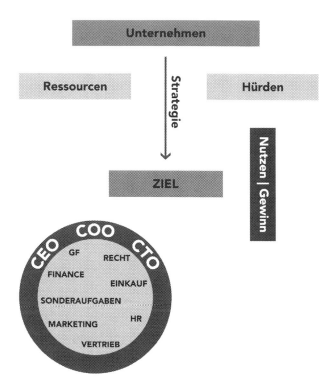

Abb. 3.1 Strukturquelle

Das seit 2023 geltende Lieferkettensorgfaltspflichtengesetz verlangt von Unternehmen ein umfangreiches Berichtswesen sowie die Umsetzung zahlreicher Verpflichtungen bis hin zur Beendigung von Verträgen mit Lieferanten oder Abnehmern. Wo verortet man als Unternehmensleiter die Überwachung und Umsetzung? Ist es ein Finanzthema, ein Rechtsthema oder gehört es zur Personalabteilung? Und was ist wichtiger: gute Einkaufspreise oder gegebenenfalls teurere Konditionen, dafür aber ideologisch als nachhaltig eingestufte Lieferanten? Große Produzenten oder kleine regionale Hersteller?◄

An diesem Beispiel erkennen wir, dass eine Struktur in Unternehmen einerseits flexibel sein muss, andererseits auch hierarchisch nach Priorität und

Kosten-Nutzen-Betrachtung einzuordnen ist. Es nützt einem zur Gewinnerzielung verpflichteten Unternehmen nichts, wenn T-Shirts statt für 4 EUR aus Bangladesch nunmehr für 9 EUR in Portugal eingekauft werden, wenn sie dann nicht für 40 EUR verkaufbar sind. Deshalb müssen Strukturen immer so angepasst werden, wie ein Unternehmen diese benötigt. Die Einhaltung und Umsetzung des LkSG könnte in obigem Fall beim Einkauf zugeordnet sein, um deren Umsetzung sozusagen „soft" im Unternehmen durchzuführen, anstatt mit einer Rechtsabteilung die entsprechende sofortige Umsetzung durchsetzen zu lassen.

3.3 Kultur, Werte, Vision & Mission

Neben den Verantwortlichen und den jeweiligen Prozessen sind in jeder Unternehmung die Vision und die Mission sowie die festgelegten und hoffentlich gelebten Firmenwerte von entscheidender Relevanz für den Unternehmenserfolg. Aus diesem Zusammenspiel ergibt sich meist eine eigene Firmenkultur.

Die ausgegebene Vision ist der Treiber der Unternehmensentwicklung und ist besonders in einem Start-up wiederkehrend progressiv und disruptiv formuliert. Diese umfasst immer, welches Problem man lösen will und wie man weiterführend sowie besser als die Konkurrenz einen Kundennutzen erzeugen will. Vereinfacht: „Wie machen wir (die Unternehmung) die Welt ein wenig besser?" Die Mission beschreibt wiederum den Weg der Problemlösung. Auch diese kann besonders bei Start-ups überspitzt und teilweise missionarisch formuliert sein. Sie funktioniert nur im Einklang mit der Vision.

Von ebenso großer Wichtigkeit sind formulierte und gelebte Firmenwerte. Diese geben dem Management und den Mitarbeitern eine Denk- und Handlungsweise vor; also unter welchen Gesichtspunkten etwas gelöst werden soll. Sie sind somit ein entscheidender Faktor des Unternehmenserfolgs.

Als Beispiele sind hier die nun etablierten Unternehmen Nike und Amazon zu nennen. So gilt seit dem Hervorgehen von Nike aus der Firma Blue Ribbon Sports im Jahr 1971 unter anderem der folgende Grundsatz: „We're on offense. All the time." – was etwa gleichbedeutend ist mit: Wir gehen immer voran und versuchen erfolgreich zu sein. Ein weiteres Beispiel ist, wie bereits erwähnt, Amazon. Die sogenannten Leadership Principles sind öffentlich einsehbar (https://www.amazon.jobs/content/de/our-workplace/leadership-principles) und werden von den sogenannten Amazonians wiederkehrend in Meetings rezitiert und entsprechend angewandt. Diese werden jährlich um ein bis zwei weitere Punkte erweitert. Wichtig ist hier jedoch gerade für Start-ups die Etablierung dieser Werte, damit ein Grundgerüst für die Mitarbeiter in Projekten und Entscheidungsprozessen geschaffen werden kann.

3.4 Team

Der wesentliche Teil der Unternehmung ist letztlich das Team, welches die jeweilige Vision und Mission im Rahmen der formulierten Firmenwerte umsetzen soll. Die Zusammensetzung und die damit verbundenen Fähigkeiten des Teams sind immer abhängig vom Unternehmensstadium, dem vorhandenen Kapital und von der festgelegten Vision und Mission. Während in einem Start-up anfangs besonders agile und innovative Generalisten gefragt sind, die mehrere Teilbereiche übernehmen und verantworten können, sind in späteren Phasen bzw. in etablierten Unternehmen eher Spezialisten gefragt, die die dann klare Zielerreichung unterstützen sollen.

Es ist offensichtlich, dass auch charakterliche Eigenschaften hier eine übergeordnete Rolle spielen. Während gerade in Frühphasen Start-ups oft schnelle Entscheidungen unter großer Unsicherheit von großer Notwendigkeit sind, besitzen Mitarbeiter von Bestandsunternehmen eher eine Risikoaversion und lassen sich entsprechend Zeit mit Entscheidungen bzw. schieben die Verantwortung gern auf einen anderen ab. Hinzu kommt, dass die Umsetzung von Entscheidungen, bedingt durch die meist nicht mehr agile Struktur und die vorherrschenden Abhängigkeiten von anderen Teams, ebenfalls verlangsamt wird und so Themen mehrfach überlegt und diskutiert werden. Es ist in beiden Fällen jedoch wichtig, stets die Teamkommunikation entsprechend zu gestalten, um alle Teammitglieder entsprechend abzuholen. Je größer das Team, desto schwieriger wird es gegebenenfalls, und desto wichtiger ist es, ein Team-Buy-in zu erhalten.

Letztlich können sich aus kleinen Teams sogenannte High-Performance-Teams bilden. Teams, die kontinuierlich nach Spitzenleistung streben. Getrieben durch gemeinsame Ziele, gemeinsame Führung, Zusammenarbeit, offene Kommunikation, klare Rollenerwartungen und Gruppenarbeitsregeln, frühzeitige Konfliktlösung und ein starkes Gefühl der Verantwortlichkeit und des Vertrauens unter den Mitgliedern erzielen diese Teams konstant herausragende Ergebnisse [1]. Die Wahrscheinlichkeit, dass sich aufgrund der Struktur und des Innovationsgrades diese Teams vor allem im Start-up-Bereich zusammenfindet, ist definitiv höher.

Was zeichnet ein High-Performance-Team aus?

A. **Vertrauen:** Es herrscht hohes Vertrauen zwischen den Teammitgliedern, dass jeder seinen Beitrag zum Erfolg des Projekts leistet. Im Start-up bedeutet eine fehlerhafte Entscheidung gern das Aus. Risiken und Probleme sind Teil des Geschäfts, aber diese müssen offen ansprechbar sein. Eine Lösung kann dann ggf. auch im Konsens erreicht werden. Vertrauen ermöglicht zudem die Konzentration auf die eigenen Ziele und schafft somit freie Ressourcen.

B. **Struktur:** Die einzelnen Teammitglieder folgen einer festgelegten Struktur, einem klar definierten Aufgabenfeld und im Idealfall messbaren Zielen.

C. **Leistung:** Es herrscht eine Umsetzungsmentalität und damit einhergehend die Bereitschaft, sich Leistungsstandards anzunehmen und zu leben. Teammitglieder legen ein hohes Maß an Energie an den Tag, um die besten Ergebnisse für das Team und seine Stakeholder zu erreichen. Teammitglieder motivieren sich gegenseitig und wollen voneinander lernen, profitieren und zusammen erfolgreich sein [2].

Literatur

1. Gleeson B (2022). Key Attributes Of High-Performance Teams All Leaders Must Know. Forbes, https://www.forbes.com/sites/brentgleeson/2022/03/28/key-attributes-of-high-performance-teams-all-leaders-must-know/?sh=59944bda778, abgerufen am 14.02.2024
2. Donkor C (2018). High-performing teams. PwC, https://www.pwc.ch/de/insights/disclose/27/high-performing-teams.html, abgerufen am 14.02.2024

Innovation 4

4.1 Innovationsbedarf als Überlebensgrundlage

„Innovate or die" ist ein etwas brachialer, aber gern genutzter Ausdruck zum Antreiben von Innovationen innerhalb von Teams oder Unternehmen. Innovation selbst bedeutet „die Erzeugung und Umsetzung von Neuerungen, wie die Schaffung neuer Produkte oder die Verbesserung vorhandener Produkte, die Entwicklung neuer Produktions- und Herstellungsverfahren oder die Einführung neuer Methoden der Organisation und des Managements sowie die Erschließung neuer Kundenkreise und Absatzmärkte. Die ständige Bereitschaft der Unternehmen, Innovationen zu schaffen, und die Fähigkeit, diese auch umzusetzen, ist im Sinne des Prozesses der schöpferischen Zerstörung eine entscheidende Voraussetzung zur Erhaltung der Konkurrenzfähigkeit der Unternehmen im Wettbewerb." [1]

Innovationen spielen eine entscheidende Rolle für Unternehmen, indem sie verschiedene Vorteile und Chancen bieten. Zum einen ermöglichen sie Wachstum und Diversifikation, indem Unternehmen durch die Einführung neuer Technologien und Geschäftsmodelle ihre Produktpalette erweitern und neue Märkte erschließen können. Zudem führen Innovationen zu Kosteneinsparungen, indem beispielsweise Automatisierung und künstliche Intelligenz eingesetzt werden. Dies verbessert die Wettbewerbsfähigkeit und steigert die Produktivität, indem interne Abläufe optimiert werden. Der geschickte Einsatz von Innovationen verleiht Unternehmen einen Wettbewerbsvorteil durch die Entwicklung einzigartiger Produkte und Dienstleistungen. Kundenzufriedenheit wird durch die Anpassung an sich wandelnde Bedürfnisse und digitale Innovationen gefördert. Unternehmen, die auf Innovation setzen, werden für Investoren attraktiv, da sie höheres Wachstumspotenzial aufweisen. Zudem stärken Innovationen die Marke, indem

Q. Graf Adelmann v. A. und S. Räth, *Konzern und Start-up zwischen Innovation und Funktion*, essentials, https://doi.org/10.1007/978-3-658-44624-6_4

sie Aufmerksamkeit erregen und eine höhere Akzeptanz auf dem internationalen Markt fördern. Schließlich macht der Einsatz innovativer Technologien Unternehmen auch als Arbeitgeber attraktiv, was besonders in Branchen mit Fachkräftemangel von Bedeutung ist.

Innovation kann sich wiederum je nach Zielsetzung und Umfang unterscheiden. Sie kann das Ergebnis einer langen Entwicklung oder Forschung sein, aber auch aus dem Nichts entstehen durch eine spontane Idee. Weitergehend lassen sich Innovationen in verschiedene Arten einteilen:

Arten von Innovationen

- **Produktinnovation:** Die Einführung neuer oder verbesserter Produkte auf dem Markt. Dies kann durch neue Funktionen, Designänderungen oder technologische Fortschritte erfolgen.
- **Prozessinnovation:** Verbesserung oder Neugestaltung von Geschäftsprozessen, um Effizienz, Produktivität und Kosteneffektivität zu steigern.
- **Dienstleistungsinnovation:** Neue oder verbesserte Dienstleistungen, die den Bedürfnissen der Kunden besser gerecht werden oder innovative Lösungen für ihre Anforderungen bieten.
- **Geschäftsmodellinnovation:** Veränderungen in der Art und Weise, wie ein Unternehmen Wert schafft, erfasst und liefert. Dies kann die Einführung neuer Einnahmequellen oder die Anpassung des Geschäftsmodells an sich ändernde Marktbedingungen umfassen.
- **Marktinnovation:** Erschließung neuer Märkte oder die Entwicklung neuer Zielgruppen für bestehende Produkte oder Dienstleistungen.
- **Soziale Innovation:** Neue Ideen, Konzepte oder Modelle, die darauf abzielen, soziale Herausforderungen anzugehen und positive Veränderungen in der Gesellschaft herbeizuführen.
- **Technologische Innovation:** Die Einführung neuer Technologien oder die Verbesserung bestehender Technologien, um neue Möglichkeiten zu schaffen oder die Leistungsfähigkeit zu steigern.
- **Ökologische Innovation:** Die Entwicklung von umweltfreundlichen Technologien, Produkten oder Dienstleistungen, um nachhaltige Praktiken zu fördern und negative Auswirkungen auf die Umwelt zu minimieren.

- **Open Innovation:** Ein Innovationsansatz, der darauf basiert, externe Ideen, Ressourcen und Partnerschaften in den Innovationsprozess einzubeziehen, anstatt sich ausschließlich auf interne Ressourcen zu verlassen.

Oft überschneiden sich diese Kategorien und benötigen Entwicklungszyklen, bis sie den erforderlichen Reifegrad erreichen, aber diese Neuerungen schaffen wiederum Wachstum und Möglichkeiten für Unternehmen, weitere Märkte zu erschließen. Es ist leicht, hier an die neue Generation der Milliardenkonzerne wie Facebook, Microsoft oder Apple zu denken, die wiederkehrend mit neuen Produkten oder Prozessen aufwarten, um weiterhin Anklang beim Kunden zu finden. Doch auch in Nischenbereichen ist Innovation ein Treiber für Markterfolg. Ein gutes Beispiel ist die Firma Dyson und deren Entwicklung des beutellosen Staubsaugers. Trotz der erfolgreichen Einführung des ersten Staubsaugers wurde hier am Produkt immer weitergearbeitet, um innovativ zu bleiben und sogar zusätzlich auch Innovation in weiteren Bereichen wie Haarpflege oder Raumklima weiterzuführen. Um weiteren externen Input zu bekommen, haben sie sogar einen jährlichen Innovationspreis ins Leben gerufen [2]. Die Innovation und der damit einhergehende Erfolg ließen die Umsätze der Firma von 890 Mio. auf über 6,5 Mrd. EUR innerhalb weniger Jahre wachsen – vorrangig mit dem Absatz von Staubsaugern [3].

4.2 Entwicklung und Aufrechterhaltung der Innovation

Wir fragen uns immer wieder, weshalb etablierte Unternehmen plötzlich in die Insolvenz rutschen. Klassische Beispiele sind Karstadt oder Quelle. Auf der anderen Seite entstehen sehr schnell innovative Unternehmen, die Produkte und Dienstleistungen auf den Markt bringen und zu den größten der Welt werden. Warum haben weder Quelle noch Neckermann Amazon erfunden? Als gutes Beispiel hierfür können wir unser Gesundheitssystem bzw. Krankenhäuser hernehmen. Sie sind wenig innovativ. Bis hier neue Ideen entstehen und umgesetzt werden, vergehen teilweise Jahrzehnte. Dies ist auch schon hunderte Jahre so. Innovationen im Gesundheitssystem entstehen außerhalb von Krankenhausstrukturen und brauchen viele Jahre, bis die Stakeholder – also Kliniken, Krankenkassen und Patientenverbände – solche etablieren.

Dies hat verschiedene Gründe: Zum einen sind Krankenhäuser fast vollständig öffentlich finanziert bzw. rechnen mit staatlichen Stellen ihre Gebühren ab. Es gibt kaum Wettbewerb außerhalb der Verteilung von Förder- und Forschungsgeldern innerhalb der Krankenhäuser. Zudem sind die internen Strukturen hierarchisch gegliedert: Die Ärzte werden gottähnlich behandelt, die Krankenpfleger entsprechend untergeordnet. Nun stelle man sich vor, die Krankenschwester habe eine neue Idee, wie postoperative Infektionen verhindert werden könnten. Dazu müsste sie diese Idee kritisch zur aktuellen Praxis vorbringen können, aber auch ihre Chefs und Chefinnen kontrollieren dürfen, wenn die Innovation nicht oder nicht richtig umgesetzt wird. Dieser systemische Fehler im hiesigen Gesundheitssystem führt zwangsläufig zu weniger Innovation. Es braucht also vier Bausteine für Innovation: Marktbeobachtung und Vision, Wettbewerb, Fremdblick auf Technologie und Dienstleistung sowie Mitarbeiterkommunikation und -förderung Abb. 4.1.

Mitarbeitererfindungen werden gesetzlich durch das Arbeitnehmererfindungsgesetz geregelt und vergütet. Es gibt gute Beispiele, wie Erfindungen durch Mitarbeiter Früchte tragen – so beispielsweise im Ford-Konzern, bei dem allein 2016 gut 4500 Erfindungen durch Mitarbeitende erfolgten [4]. Start-ups sind dennoch deutlich agiler und innovativer. Warum ist das so? Start-ups werden oft von jungen, unvoreingenommenen und/oder nur theoretisch ausgebildeten jungen Menschen gegründet. Sie sind in keine Struktur eingepresst und dürfen Fehler machen und Irrtümer begehen. Sie denken sozusagen mit einem Fremdblick auf eine Dienstleistung oder ein Produkt bzw. schreiben es einfach neu. Natürlich steigen dadurch die Fehlschläge erheblich, und natürlich kostet die Entwicklung von Innovation Geld.

Abb. 4.1 Bausteine der Innovation

4.3   Nachhaltiger Firmenwert

An dieser Stelle wollen wir nicht mit Rendite-Erwartungen von Investoren lang-weilen, die natürlich darauf ausgelegt sind, möglichst lange hohe Erträge für wenig Aufwand und Risiko zu erzielen. Ebenso wenig stellt sich hier die Frage, wie – abhängig von Zinsentwicklungen – eine Unternehmensbewertung vorzu-nehmen ist [5]. Ein Start-up kann gar nicht nachhaltig sein. Es kann lediglich von einer Finanzierungsrunde zur nächsten überlebensfähig bleiben. Es muss nämlich zunächst überhaupt zu einem gefestigten Unternehmen werden. Wir den-ken als Angestellte noch an die Dauerhaftigkeit einer Betriebszugehörigkeit zur Bewertung der Nachhaltigkeit. Immerhin bleiben Mitarbeitende zu zwei Drit-teln länger als 5 Jahre und immer noch mehr als 42 % länger als 10 Jahre bei einem Unternehmen [6]. Bleiben Mitarbeitende, halten sie auch Know-how in der Unternehmung.

An dieser Dauer können wir festhalten, dass die Nachhaltigkeit eines Unter-nehmens mindestens eine 10-Jahre-Perspektive für Neuankömmlinge bedeutet, womit schon alle Start-ups ausscheiden. Einen Firmenwert haben diese Start-ups gleichwohl: durch die Steigerung ihrer Umsätze (Wachstum) wollen sie skalier-bar sein und erhöhen im Zuge der Zeit jeweils ihren Kapitalbedarf, wofür sie in jeder Kapitalrunde bis zu 25 % ihrer Anteile abgeben und dadurch der fiktive Wert der Unternehmung erhöht wird. Klappt das Produkt nicht, ist ein Wettbewer-ber schneller oder ist schlicht die Idee oder die Technologie nicht markttauglich, stürzt der Wert sofort auf Null. Dennoch kann jedes Start-up einen Denkimpuls schaffen. Einen Denkimpuls für eine Veränderung, die ein großes Unternehmen aus unterschiedlichen Gründen nicht hat oder nicht umsetzen kann.

Dass auch große Unternehmen, die auf Dauer ausgelegt sind, geübt im Über-leben und Gewinnerzielung sind sowie außerdem Fremdmittel einfacher erhalten bzw. sogar von staatlichen Einrichtungen in der Not gestützt werden, auf Wertlo-sigkeit fallen können, ist hinlänglich bekannt. Eine Art Wertnachhaltigkeit von gestandenen Unternehmen, die nicht bereits zu Monopolisten geworden sind, ergibt sich immer dann, wenn diese in der Lage sind, sich dem Markt anzupas-sen. Sie müssen also innovativ sein oder bleiben. Unternehmen, die nicht mehr in Forschung investieren oder mindestens innovative Start-ups übernehmen, wer-den sich nicht langfristig im Markt durchsetzen können. In der Bundesrepublik ist der Trend hierzu durchweg positiv. 2022 haben Unternehmen trotz Krise 8 % mehr in Forschung investiert und mehr Forschungspersonal eingestellt [7]. Im Kern setzt sich folglich der Wert eines Unternehmens für dessen nachhaltige Zukunft immer aus unterschiedlichen Merkmalen zusammen: Umsatzsteigerung,

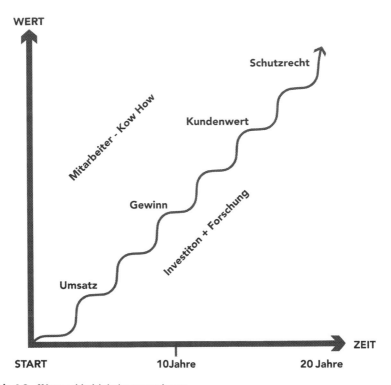

Abb. 4.2 Wertnachhaltigkeitsunternehmen

Gewinnerhöhung, Mitarbeiterbindung, Stammkunden und Forschungsausgaben Abb. 4.2.

Literatur

1. Duden: Wirtschaft von A bis Z: Grundlagenwissen für Schule und Studium, Beruf und Alltag. 6. Aufl. Mannheim: Bibliographisches Institut 2016. Lizenzausgabe Bonn: Bundeszentrale für politische Bildung 2016.
2. James Dyson Award (2024). GESUCHT: PROBLEMLÖSER*INNEN. James Dyson Foundation, https://www.jamesdysonaward.org/de-de/home/, abgerufen am 14.02.2024
3. Sherif A (2023). Annual revenue of Dyson Ltd worldwide from 2010 to 2022. Statista GmbH, https://www.statista.com/statistics/746505/worldwide-dyson-annual-revenue/, abgerufen am 14.02.2024

4. Ford Media Center (2019). „FAHRENDES RESERVERAD" UND VIELES MEHR: REKORDVERDÄCHTIGE ANZAHL AN INNOVATIVEN ERFINDUNGEN VON FORD-MITARBEITERN. Ford-Werke GmbH, https://media.ford.com/content/fordmedia/feu/de/de/news/2016/09/22/_fahrendes-reserverad-und-vieles-mehr--rekordverdaechtige-anzahl.html, abgerufen am 14.02.2024
5. Adelmann Q, Rassinger M (2020). Bewertung, Kauf und Optimierung von Unternehmen. Ein Ratgeber aus der Praxis für Investoren und Unternehmer, Springer Gabler, Heidelberg 2020, ISBN 978-3-658289-77-5
6. Statistisches Bundesamt (2024). Dauer der Beschäftigung beim aktuellen Arbeitgeber. Destatis, https://www.destatis.de/DE/Themen/Arbeit/Arbeitsmarkt/Qualitaet-Arbeit/Dimension-4/dauer-beschaeftigung-aktuell-Arbeitgeber.html, abgerufen am 14.02.2024
7. Schmitt J, Stenke G (2024). Forschung und Entwicklung. Stifterverband, https://www.stifterverband.org/forschung-und-entwicklung#~:text=Im%20Jahr%202021%20haben%20die,für%20Forschungsaufträge%20haben%20sich%20erhöht., abgerufen am 14.02.2024

Fehlerkultur im Unternehmen

5

Immer umfangreichere und präzisere gesetzliche Vorschriften sowie unternehmensinterne Handbücher des Handelns führen dazu, dass Menschen defensiv entscheiden, um möglichst jeden Fehler zu vermeiden. Fehler zu machen, ist damit als Schwäche des Handelnden gebrandmarkt, weil Gesetzgeber und Unternehmen gleichermaßen eine Regulierungs- und Vorgabewelle über Jahrzehnte hinweg für jedes Tun installiert haben. Inzwischen gibt es außerdem Online-Tutorials und jederzeit befragbare KI. Mehr als die Hälfte aller Menschen nutzen solche Tutorials [1]. Unternehmen schicken ihre Mitarbeitenden zu Schulungen. Spätere Fehlentscheidungen werden also nachträglich begründet; begangene Fehler nicht ausgewertet, sondern verheimlicht. Schon in der Schule wird unseren Kindern erklärt, dass nur eine einzige mathematische Formel zur Lösung führen soll. Dabei sind Fehler wichtig, um zu lernen. Ohne Fehler und Lerneffekt allerdings wird Innovation nicht möglich sein. Viele weltverändernde Innovationen entstanden aus Zufall und Fehlern. Der richtige Umgang mit Fehlern – also die Fehlerkultur im Unternehmen – entscheidet mittel- bis langfristig über das Bestehen eines jeden Unternehmens. Zu unterscheiden ist, wie Entscheidungen und damit auch Fehler entstehen. Zudem gibt es nun einmal viele individuelle Entscheidungen, die in strategisch geplante Vorhaben passen und sofort und aus reinem Bauchgefühl getroffen werden müssen. Abb. 5.1 Das Risiko einzugehen, auf Basis der Heuristik eine Entscheidung zu treffen, macht sie nicht schlechter oder gefährlicher, was die unternehmerischen Ergebnisse betrifft. Statistisch gesehen, sind solche Entscheidungen sogar nicht schlechter [2].

Denn schnelle Bauchentscheidungen, die auf Erfahrung beruhen, sind besser als vermeintlich rational-mathematische Entscheidungen, wenn diese viel mehr

© Der/die Autor(en), exklusiv lizenziert an Springer Fachmedien Wiesbaden GmbH, ein Teil von Springer Nature 2024
Q. Graf Adelmann v. A. und S. Räth, *Konzern und Start-up zwischen Innovation und Funktion*, essentials, https://doi.org/10.1007/978-3-658-44624-6_5

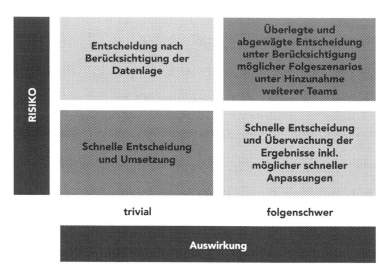

Abb. 5.1 Entscheidungswirkung

Zeit in Anspruch nehmen. Dennoch sind Entscheidungen auf Basis der Heuristik gesellschaftlich nicht anerkannt. Vielmehr glauben über 80 % der männlichen Unternehmensführer [3] immer noch, dass Bauchentscheidungen weiblich seien und damit rein gefühlsgelenkt und abwertend, was automatisch bedeute, dass sie schlechter sein müssen. Jede Entscheidung sei mathematisch vorher errechenbar. Es gibt natürlich keinerlei wissenschaftlichen Beleg darüber, ob eine Entscheidung durch eine Frau oder einen Mann besser oder schlechter ist. Was allerdings belegt ist, ist dass beispielsweise gleichmäßige Aktieninvestitionen (1/N) eher bessere Ergebnisse erzielen als solche, die von angeblich mathematisch-rationalen Systemen vorgeschlagen werden. Auch haben die ausufernden Bankenregeln keine Bankenkrise beseitigt. 1988 hatte das Bankenregulierungswerk „Basel I" noch 30 Seiten, Basel II hatte dann 347 Seiten im Jahr 1996. Die Reaktion auf die Bankenkrise von 2008 war Basel III mit 616 Seiten bzw. über 1000 Seiten in den USA. Diese Regeln versteht kein Mensch mehr und sie führen eher dazu, dass kein Geld mehr verliehen wird – was eine soziale Kernaufgabe für die Erhöhung von Chancengleichheit unserer Gesellschaft bedeutet – und gerade weder Krisen verhindert, noch Entscheidungen fördert. Es ist also wie mit der Truthahn-Illusion, der Irrglaube, ein sicheres Ergebnis nur mit Mathematik und Regularien erzielen zu können Abb. 5.2.

Abb. 5.2 Der Entscheider

Intuition ist also als unbewusste Intelligenz anzusehen, die die meisten Regionen unseres Gehirns nutzt [4]. Eine Faustregel hilft bei komplexen und unbekannten Themen, Konstellationen und unbekannter Umwelt eher als feste Regeln. Feste Regeln helfen wiederum bei bereits gemachten Erfahrungen und Wissen. Hier braucht es keine Experimente und Intuition. Die Mischung aus Rationalität und Intuition ist wahrscheinlich die beste Kombination für das Treffen einer Entscheidung. Fehlerkultur bedeutet folglich, zum einen, Entscheidungsfreudigkeit zu fördern und zum anderen, verantwortliche und konsequente Individualentscheidungen, wenn sie sich als falsch herausstellen, möglichst schnell zu analysieren. Es geht darum, aus Fehlern zu lernen und solche nicht innerhalb des Unternehmens aus Angst zu kaschieren oder gar nachträglich zu rechtfertigen.

Besonders wichtig ist hierbei der Entscheidungsfindungsprozess (siehe dazu auch: Adelmann Q, Rassinger M (2021). Der unternehmerische Entscheidungsprozess. Springer Gabler Wiesbaden, ISBN 978-3-658-33706-3, DOI https://doi. org/10.1007/978-3-658-33707-0). Je schneller eine Entscheidung getroffen werden kann, desto früher kann man mit der Umsetzung beginnen und somit einen möglicherweise entscheidenden Markt-, Kosten- oder Produktvorteil erzielen, interne Fehler beseitigen oder Prozessverbesserungen erreichen. Allerdings ist hier zu unterscheiden, wie bedrohlich ein etwaiger Fehler der getroffenen Entscheidung für die Fortführung des Unternehmens sein kann. Fehler sind das Resultat einer Entscheidung für oder gegen etwas. Eine aktive oder passive Entscheidung (z. B. Verzögern der Entscheidung), etwas nicht zu tun, kann ein Fehler sein. Darüber hinaus können diese in verschiedenen Zeithorizonten auftreten und sind natürlich gerade bei Neueinführungen von Produkten oder Prozessen vorprogrammiert. Entscheidend ist hier, welche Tragweite diese Fehlentscheidung hat und wie schnell sowie mit welchen Ressourcen die Unternehmung oder das Team diesen Fehler korrigieren kann. Vereinfacht bietet sich im Entscheidungsprozess die Einteilung in zwei Kategorien an: Entscheidungen, die schnell und einfach zu revidieren sind, und solche, die weitreichende sowie ggf. unveränderliche Folgen haben können. Die Fähigkeit und den Mut zu besitzen, schnell getroffene Entscheidungen wieder zu revidieren, wenn sie sich als falsch herausstellen, ist dabei der wichtigste Punkt zur Schadensminderung. Denn kleine Probleme werden zu großen, wenn sie nicht im Stadium des Kleinzustandes bekämpft bzw. beseitigt werden. Und hier haben wir einen wesentlichen Vorteil vonn Start-Ups: sie treffen Entscheidungen sofort oder innerhalb von Tagen. Bei großen Unternehmen fallen Entscheidungen gleichwohl erst nach Wochen und Monaten.

5.1   Dauerzustand der Problemlösung im Start-up

Start-Ups stehen immer wieder vor neuen Problemen. Darüber hinaus müssen ständig weitere Unternehmensbereiche aufgesetzt, Prozesse etabliert, Kunden akquiriert und Kapital für das Führen des Start-ups beschafft warden [5].

Diese Menge an verschiedenen Herausforderungen ist sowohl vielfältig als auch komplex und erfordert unterschiedliche Skills, um gelöst zu werden. Ein starkes Team setzt sich besonders im Start-up immer aus einzelnen High-Performern zusammen, um diese Masse an Problemen zu lösen. Das schützt jedoch nicht vor eventuell fehlenden Erfahrungen im Management, in der Unternehmensführung oder in der spezifischen Branche ihres Start-ups. Dies kann zu Unsicherheiten und Fehlern in der Geschäftsführung führen, welche sich auf alle Teilbereiche des Unternehmens auswirken können. Dennoch gilt der Grundsatz: Baue ein solides Fundament und definiere sowie erledige in jedem Bereich die Basics, um darauf aufzubauen. Jede einzelne Fehlentscheidung kann zum Ende des Unternehmens führen. Jeder Schritt, bei dem man ggf. zu lange abwägt, kann bedeuten, dass ein anderer den Vorzug bekommt oder man eine Ausschreibung nicht gewinnt. Der Unterschied für das Start-up im Vergleich zum Corporate ist hier nur die Bedeutung für die weitere Entwicklung der gesamten Firma und nicht nur eines Projektteams oder einer Abteilung. Das führt dazu, dass Entscheidungen zwar schnell, aber dennoch gut überlegt werden müssen und, sollte sich eine Entscheidung als falsch erweisen, zügig und ressourcenschonend korrigiert werden.

Start-ups müssen in der Lage sein, mit Unsicherheiten und Risiken umzugehen. Die Fähigkeit, flexibel zu sein und sich an veränderte Umstände anzupassen, ist entscheidend. Meist ist im Start-up neben der Ressource Zeit auch das Kapital limitiert. Viele Start-ups kämpfen mit begrenzten finanziellen Ressourcen. Die Beschaffung von Kapital, sei es durch Investitionen, Darlehen oder andere Finanzierungsmöglichkeiten, kann eine bedeutende Hürde darstellen. Umso wichtiger ist es demnach, den Money Burn so effektiv wie nur möglich und notwendig zu gestalten und so den Markteintritt so kosteneffektiv wie möglich zu gestalten, und das ist gleichzeitig die Chance gegen große Corporate-Wettbewerber. Gerade in etablierten Märkten kann der Eintritt für Start-ups schwierig sein. Der Wettbewerb mit bereits etablierten Unternehmen erfordert oft innovative Ansätze, um sich zu differenzieren und Kunden anzuziehen – also auch hier ist weitere Problemlösung gefragt.

Darüber hinaus limitiert die Ressource Geld auch das Hiring und kann so für Talentmangel sorgen. Die Rekrutierung und Bindung von qualifiziertem Personal ist für Start-ups oft eine Herausforderung. Die Konkurrenz um talentierte Fachkräfte mit begrenzten Ressourcen kann schwierig sein, oft können Mitarbeiter nicht konkurrenzfähige Gehälter angeboten werden. So ist es nicht erstaunlich, dass Arbeitnehmer im Konzern im Median 53.500 EUR verdienen, während das Gehalt bei kleineren Unternehmen bei 38.500 EUR liegt [6]. Auch dieses Problem muss das Start-up lösen und die Lösung geht in der Regel weit über Mitarbeiterbeteiligungen und dem fast schon obligatorischen Kickertisch hinaus. Wenn das nur schon alles wäre. Es folgt die Anpassung des Produkts oder der Dienstleistung an die Bedürfnisse des Marktes und schnellstmöglich mit der Innovation Nachfrage zu generieren und die Erwartungen der Kunden erfüllen bzw. gar zu übertreffen. Ist das geschafft, gilt es besonders in technologieorientierten Start-ups, technische Probleme wiederkehrend zu lösen und die Entwicklung und Aufrechterhaltung der innovativen Lösungen gegenüber dem Wettbewerb sicherzustellen.

Nach dem Erreichen des Market-Fit folgt die Skalierung des Geschäftsmodells sowie der Produktion und des Systems drum herum, wie z. B. das Ersetzen von Excel-Listen durch ein ERP. Auch hier sind immer wieder Problemlösungen gefragt, um das benötigte Wachstum zu generieren. Dabei sind oft Anpassungen an Prozessen und Infrastruktur erforderlich. Weiteres Wachstum setzt die Gewinnung von Neukunden und die Aktivierung der Bestandskunden voraus. Besonders in einem wettbewerbsintensiven Umfeld erfordert das effektive Marketingstrategien. Der Aufbau einer Marke und das Erreichen der Zielgruppe sind entscheidend für den weiteren Erfolg. Start-ups müssen sich mit rechtlichen und regulatorischen Anforderungen auseinandersetzen, die je nach Branche und Region variieren können. Dies erfordert oft spezialisierte Kenntnisse oder die Zusammenarbeit mit Experten. Die erfolgreiche Bewältigung dieser Herausforderungen erfordert nicht nur eine kluge Planung und Umsetzung, sondern auch die Fähigkeit, konstant Probleme zu lösen und sich kontinuierlich anzupassen.

5.2   Problemverständnis

Ausschlaggebend für jede Innovation ist immer ein Problem, das einer neuen oder anderen Lösung als bisher bedarf. Entscheidend ist hier jedoch immer wieder die Reduzierung der Lösung auf das Problem, um ein Verzetteln zu vermeiden oder gar ein falsches Verständnis für das Problem zu entwickeln. Dies kann ein durchaus intensiver Prozess sein, der ein ständiges eigenes Hinterfragen der Lösung unter Einbezug des Kunden bedeutet. Fortlaufende und strukturierte Feedbackabfragen der Nutzer können hier entscheidend sein. Je komplexer das Produkt und die damit einhergehende Entwicklung zur Problemlösung ist, desto wichtiger ist es, diese zusammen mit einem oder sogar mehreren Kunden bzw. Entwicklungspartnern zu iterieren. Hinzu kommt die Notwendigkeit, sich in der Lösungsphase nicht zu viele feste Parameter zu setzen, weil davon auszugehen ist, dass gerade bei Software- und Hardwareprodukten weitere Iterationen notwendig sind.

Immer wieder ist die Frage: „Was ist das Problem?", die entscheidende Frage, um immer weiter zu hinterfragen, ob ich bereits eine Lösung benötige oder das Problem noch nicht genau genug verstanden habe. Dieser Ansatz hilft auch, große Probleme immer weiter auf das Wesentliche zu reduzieren. Tesla hat mit dem Bau von Ladeinfrastruktur beispielsweise das Problem der nicht vorhandenen Ladesäulen gelöst, die benötigt werden, um ein E-Auto überhaupt zu betreiben. Dieser Ansatz ermöglicht einen Sprung auf die kleinste greifbare Fragestellung, reduziert das Problem und schärft die Auswahl der noch vorhandenen Kapazitäten. Die Lösung eines Problems jedoch, auf das sich Start-Ups konzentrieren, bedeutet nicht, ein gesamtes Produkt gebaut zu haben. Der Gesamtproduktbau wiederum entschleunigt zuweilen die Problemlösung. Auch hierbei unterscheiden sich Start-Ups typischerweise von etablierten Unternehmungen.

5.3 Kundenperspektive

Zu den wichtigsten, zumindest langfristigen Zielen einer Unternehmung zählt die Gewinnerzielung bzw. die Gewinnmaximierung, weil sie sonst schlichtweg auf Dauer nicht am Markt überleben kann. Demnach muss jeder Unternehmende für Innovation Kunden und somit einen Nutzen finden, um diese zu erreichen. Da ein Start-up aus aufzubauendem Neugeschäft zunächst überhaupt erst Bestandskundengeschäft machen muss, braucht es Kunden, die die auf den Markt gebrachte Innovation annehmen. Das Gleiche gilt zwar auch für Innovationen, die aus einem Konzern heraus entstehen. Hier tritt eher der Effekt ein, dass man durch die Einführung eines innovativen Produktes oder einer Neuentwicklung bereits auf bestehende Bereiche und Kundenbeziehungen zugreifen kann und somit nicht mit dem Produkt direkt Gewinn erzielt, aber ganzheitlich schon.

Leider ergibt sich daraus nicht zwangsläufig, dass in beiden Fällen die Kundenperspektive schlechter oder besser eingenommen wird oder gar das Kundenproblem vollständig verstanden wird. Diese Eigenschaft ist jedoch ein entscheidender Faktor für den weiteren Erfolg der Innovation, da sie nur so für den Kunden relevant bleibt.

Vereinfacht dargestellt gilt es für das neue Produkt, langfristig einen Kundenwert zu erzeugen, basierend auf einem Produktnutzen. Hierbei handelt es sich um eine Verkettung Abb. 5.3.

Kundenzufriedenheit entsteht durch das Erfüllen von Erwartungen an ein Produkt oder eine Dienstleistung. Dabei gibt es eine Sollleistung – die Erwartung des Kunden, die erfüllt werden muss – und eine Ist-Leistung, nämlich das, was tatsächlich erfüllt wurde. Dabei ist klar, dass ein Untertreffen der Sollleistung wohl kaum Kundenzufriedenheit erzeugen wird, während ein Übertreffen dieser

Abb. 5.3 Kundenwertkette

wiederum eine sehr hohe Kundenzufriedenheit auslösen wird. Die Anforderungen, die ein Kunde an ein Produkt oder eine Dienstleistung stellt, lassen sich wie folgt einteilen: Basis-Merkmale, Leistungs-Merkmale, Begeisterungs-Merkmale, Unerhebliche Merkmale und Rückweisungs-Merkmale. Basis-Merkmale, auch als Muss-Merkmale bekannt, sind so grundlegend und selbstverständlich, dass Kunden sich ihrer erst bewusstwerden, wenn sie nicht erfüllt werden (implizite Erwartungen). Das Versäumnis, diese fundamentalen Anforderungen zu erfüllen, resultiert in Unzufriedenheit, während ihre Erfüllung allein keine zusätzliche Zufriedenheit generiert. Der Nutzen in Bezug auf die Differenzierung von Wettbewerbern bleibt minimal. Leistungs-Merkmale, als Soll-Merkmale bezeichnet, sind dem Kunden bewusst. Sie können Unzufriedenheit beseitigen oder Zufriedenheit schaffen, abhängig von ihrem Ausmaß der Erfüllung. Begeisterungs-Merkmale, auch Kann-Merkmale genannt, sind hingegen Nutzen stiftende Merkmale, die der Kunde nicht zwingend erwartet. Sie heben das Produkt gegenüber der Konkurrenz hervor und erzeugen Begeisterung. Selbst eine geringfügige Verbesserung dieser Merkmale kann zu einem überproportionalen Nutzen führen. Unerhebliche Merkmale sind für den Kunden ohne Belang, egal ob vorhanden oder nicht. Sie tragen weder zur Zufriedenheit noch zur Unzufriedenheit bei. Rückweisungs-Merkmale führen bei Vorhandensein zu Unzufriedenheit, jedoch nicht zu gesteigerter Zufriedenheit, wenn sie fehlen. Diese lassen sich im Kano-Modell, welches Noriaki Kano bereits 1978 entwickelte, darstellen Abb. 5.4.

Es geht nicht darum, dass der Kunde immer Recht hat. Es geht hier um die erweiterte Hilfestellung durch das Produkt oder die Dienstleistung, bestimmte Probleme des Kunden zu lösen und das durch die konsequente Weiterentwicklung des Produktes umzusetzen. Jedes Produkt durchläuft verschiedene Stufen der Entwicklung und je eher man in diesem Zyklus die Erwartungen des Kunden, also die Merkmale des Produkts entsprechend berücksichtigt, desto größer ist die (dauerhafte) Erfolgschance des Produkts. Leider können einfache rationale Entscheidungen verschiedenen Verhaltensmustern entgegenstehen. **Confirmation Bias** offenbart die menschliche Neigung, Informationen so zu interpretieren, dass sie lediglich die eigenen Erwartungen bestätigen. Es kann also passieren, dass Kundenanforderungen anders wahrgenommen werden und somit nicht erfüllt werden.

Implicit Bias führt dazu, dass wir Produkte so gestalten, wie wir es uns persönlich wünschen und unsere Anforderungen nicht an die des Kunden anpassen, entweder aus Unfähigkeit oder Selbstverliebtheit in das entworfene Produkt. Hierbei entstehen Features oder Produkteigenschaften, die der Kunde ggf. gar nicht braucht oder möchte. Der **Dunning-Kruger-Effekt** beschreibt die Neigung von weniger kompetenten Menschen, ihr eigenes Können zu überschätzen und die

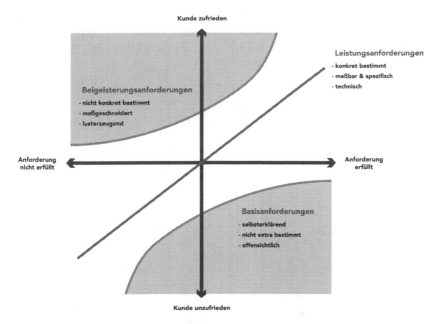

Abb. 5.4 Zufriedenheitsanforderungen Kunde

Kompetenz anderer zu unterschätzen. Verstärkend kann sich hierbei eine Gruppenbeteiligung auswirken. Ergänzt durch ein weiteres Phänomen, das Dunning in einer späteren Untersuchung herausfand: Die sogenannte „Anfängerblase der Selbstüberschätzung", kann es dadurch bei Innovationen immer wieder zu Problemen kommen, weil man sich der umfangreichen Komplexität noch nicht bewusst ist. Gerade bei Neuentwicklungen kann eine nicht vorhandene Kompetenz ein Risiko darstellen, dass man selbst nicht kompetent genug ist, die eigene Inkompetenz zu verstehen und somit Fehler bei der Entwicklung macht! Dem kann nur durch unabhängiges Feedback entgegengewirkt werden.

Der **IKEA-Effekt,** so benannt nach dem bekannten schwedischen Möbelhaus, vermittelt die faszinierende Beobachtung, dass die subjektive Wertschätzung für einen Gegenstand oder ein Erlebnis steigt, wenn man persönliche Mühe, Anstrengung oder Kosten in dessen Entstehung investiert hat [7]. Demnach ist das Mantra von Seth Godin „Earn trust and permission" des Kunden auch deshalb so relevant und stark, weil das Vertrauen nur durch Befriedigung des Kundenbedürfnisses erreicht werden kann. Demnach muss man immer wieder durch Feedbackloops und Reviews die Innovation in Bezug auf Produktperformance und Problemlösungen entlang der Kundenbedürfnisse infrage stellen – egal wie vernichtend dieses ggf. ausfällt. Denn nur durch Kundenvertrauen kann ein Unternehmen langfristig erfolgreich bleiben.

Literatur

1. Harms F (2024). Anteil der Nutzer von Video-Tutorials in Deutschland bis 2017. Statista GmbH, https://de.statista.com/statistik/daten/studie/722636/umfrage/anteil-der-nutzer-von-online-tutorials/, abgerufen am 14.02.2024
2. Gigerenzer G (2013). Risiko. C. Bertelsmann Verlag München, 4. Auflage 2013, S. 49 ff.
3. Statista Research Department (2010). Anteil weiblicher und männlicher Geschäftsführer von Unternehmen in Deutschland im Jahr 2010 nach Bundesländern. Statista GmbH, https://de.statista.com/statistik/daten/studie/28819/umfrage/anteil-weiblicher-und-maennlicher-geschaeftsfuehrer/, abgerufen am 14.02.2024
4. Gigerenzer G (2013). Risiko. C. Bertelsmann Verlag München, 4. Auflage 2013, S. 147 ff.
5. Die Landesregierung Nordrhein-Westfalen (2023). NRW Startup Report 2023: Gründungsszene in Nordrhein-Westfalen zeichnet positives Stimmungsbild. https://www.land.nrw/pressemitteilung/nrw-startup-report-2023-gruendungsszene-nordrhein-westfalen-zeichnet-positives#:~:text=Die%20größte%20Herausforderung%20stellen%20Vertrieb,die%20Definitionskriterien%20als%20Social%20Entrepreneurs, abgerufen am 14.02.2024
6. Marten N (2024). Der große Gehaltsvergleich: Check mal, wo du stehst. The Stepstone Group Deutschland GmbH, https://www.stepstone.de/magazin/gehaltsvergleich, abgerufen am 14.02.2024
7. Erb H P, Balzukat J (2021). Der IKEA-Effekt. Helmut Schmidt Universität, https://www.hsu-hh.de/der-ikea-effekt, abgerufen am 14.02.2024

Der Entscheidungsprozess

6

6.1 Fail fast

„Fail fast" ist ein dynamischer unternehmerischer Ansatz, der die Bedeutung von schnellem Experimentieren und kontinuierlichem Lernen hervorhebt. Unternehmen wie Google und Amazon haben diesen Ansatz erfolgreich umgesetzt. Statt kostbare Zeit und Ressourcen in langwierige Planungsphasen zu investieren, ermutigt die „Fail-fast"-Philosophie dazu, Ideen zügig in die Praxis umzusetzen, um frühzeitig wertvolle Erkenntnisse zu gewinnen. Google ist beispielsweise bekannt für seine Innovationskultur, in der Mitarbeiter ermutigt werden, kreative Ideen schnell zu testen, um daraus zu lernen. Es wird akzeptiert, dass nicht alle Ideen den gewünschten Erfolg bringen werden. Der zentrale Gedanke dabei ist, durch das rasche Identifizieren von Fehlern und das Sammeln von Erfahrungen aus Misserfolgen eine agile Unternehmenskultur zu fördern.

Unternehmen wie Spotify setzen ebenfalls auf diesen Ansatz. Sie ermutigen ihre Teams, neue Funktionen im Produkt schnell zu implementieren und anhand von Nutzerfeedback kontinuierlich zu verbessern. Die „Fail-fast"-Methode ermöglicht es Unternehmen, sich schnell an Veränderungen anzupassen und ihre Strategien flexibel anzupassen. Indem man frühzeitig Fehler erkennt und aus ihnen lernt, kann eine Organisation agiler und widerstandsfähiger gegenüber Unsicherheiten und Marktveränderungen werden. Diese Vorgehensweise fördert eine Kultur des Experimentierens, in der Innovation und Anpassungsbereitschaft im Mittelpunkt stehen.

Die schnelle Rückmeldung aus Misserfolgen ermöglicht es Unternehmen, ihre Entwicklungsprozesse zu beschleunigen und erfolgreiche Lösungen schneller zu

Q. Graf Adelmann v. A. und S. Räth, *Konzern und Start-up zwischen Innovation und Funktion*, essentials, https://doi.org/10.1007/978-3-658-44624-6_6

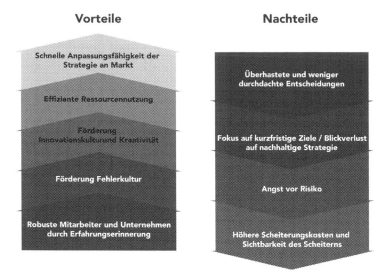

Abb. 6.1 Fail-Fast-Methodik

identifizieren. Der „Fail-fast"-Ansatz trägt somit dazu bei, eine dynamische, lernende Organisation zu schaffen, die bereit ist, Risiken einzugehen und ständig nach Verbesserungsmöglichkeiten zu suchen Abb. 6.1.

Unternehmen sollten bei der Implementierung des „Fail-fast"-Ansatzes die Vorteile und Nachteile sorgfältig abwägen und sicherstellen, dass er zur spezifischen Unternehmenskultur und den Zielen passt. Die schnelle Rückmeldung aus Misserfolgen ermöglicht es Unternehmen, ihre Entwicklungsprozesse zu beschleunigen und erfolgreiche Lösungen schneller zu identifizieren. Der „Fail-fast"-Ansatz trägt somit dazu bei, eine dynamische, lernende Organisation zu schaffen, die bereit ist, Risiken einzugehen und ständig nach Verbesserungsmöglichkeiten zu suchen. „Stay as you are" und mangelnde Geschwindigkeit könnten dabei als hinderlich für diesen Prozess betrachtet werden.

6.2 Nichtgeschwindigkeit

Das Gegenteil von „Fail fast" ist ein Ansatz, der auf langwierige Planung, umfassende Voranalysen und das Vermeiden von schnellen Fehlern setzt. Man könnte dies als „Langsam und risikoavers" bezeichnen, wobei der Begriff „Nichtgeschwindigkeit" manchmal als etwas überspitzte Charakterisierung dient. In diesem Kontext werden Entscheidungen und Veränderungen erst nach gründlicher Analyse und in einem sicheren Erfolgsumfeld getroffen. Dieser Ansatz könnte mit „Avoid failure at all costs" (Vermeide Fehler um jeden Preis) umschrieben werden. Es ist jedoch wichtig zu betonen, dass dieser Ansatz in vielen dynamischen und innovationsgetriebenen Umfeldern als hinderlich betrachtet werden könnte, da er oft zu langsamen Reaktionszeiten und eingeschränkter Anpassungsfähigkeit führt.

In diesem Zusammenhang könnten „Nichtgeschwindigkeit" und „Stay as you are" als Prinzipien angesehen werden, die dem Konzept des „Fail fast" entgegenstehen. Während „Fail fast" schnelle Anpassung und kontinuierliches Lernen fördert, steht „Stay as you are" für eine Haltung, die Veränderungen vermeidet und am Status quo festhält. Diese Einstellung kann in einer sich schnell wandelnden Geschäftswelt zu Ineffizienz und mangelnder Anpassungsfähigkeit führen. Daher ist es entscheidend, einen ausgewogenen Ansatz zu verfolgen, der sowohl schnelles Lernen als auch sorgfältige Überlegung berücksichtigt.

Beispiele

Ein prominentes Beispiel für ein Unternehmen, das an seiner Nichtbereitschaft zu schnellen Anpassungen gescheitert ist, ist Kodak. Das einst dominierende Unternehmen im Bereich der Fotografie konnte sich nicht rechtzeitig auf den digitalen Wandel einstellen. Kodak hielt zu lange an seinen traditionellen Geschäftsmodellen fest, was letztendlich zu seiner Insolvenz führte.

Ein weiteres Beispiel ist Blockbuster, das durch den raschen Aufstieg von Streaming-Diensten wie Netflix überholt wurde. Blockbuster blieb an seinem Modell des physischen Videoverleihs haften, während Netflix die Möglichkeiten des Internets nutzte. Die mangelnde Bereitschaft, sich an die neuen Gegebenheiten anzupassen, führte dazu, dass Blockbuster seine führende Position einbüßte und schließlich insolvent ging.

Diese Beispiele verdeutlichen, wie Unternehmen, die Innovationen mit Nichtgeschwindigkeit angehen und am Status quo festhalten, Gefahr laufen, den Anschluss in schnelllebigen Märkten zu verlieren und letztendlich zu scheitern. Start-ups müssen schnell scheitern, um zu überleben, da ihnen konstant die finanziellen Mittel ausgehen. Konzerne können daraus lernen, insbesondere wenn sie sich dynamischen und internationalen Wettbewerbern oder neuen Herausforderungen stellen müssen, die möglicherweise in verschiedenen Teilen der Welt entstehen.◄

Einflussfaktoren auf den Erfolg des Unternehmens

7

7.1 Kostenmanagement Innovation

Gewinn wird als die Differenz zwischen Erlösen und Kosten einer bestimmten Periode definiert. Mit der zunehmenden Implementierung von Produktinnovationen kann ein Unternehmen seine Erlöse steigern. Allerdings stehen Unternehmen, unabhängig von ihrer Größe, vor der Herausforderung, Innovationen am Markt zu platzieren und zu skalieren, da sie über begrenzte finanzielle Ressourcen verfügen. Selbst für Start-ups, die regelmäßig neue Finanzierungsrunden abschließen können, ist die Beschaffung neuer Mittel zeitaufwendig. Es ist unerlässlich, wiederkehrende Budgetziele zu setzen und zu erreichen, um die kontinuierliche Unterstützung von Bestands- und Neuinvestoren sicherzustellen, besonders wenn Profitabilität noch nicht erreicht ist oder weiteres Wachstum geplant ist.

Effektives Kostenmanagement ist daher entscheidend, da es direkte Auswirkungen auf die finanzielle Gesundheit und den langfristigen Erfolg eines Unternehmens hat. Um ein effektives Kostenmanagement zu ermöglichen, müssen in Bereichen wie Buchhaltung, Controlling, Warenwirtschaft und Personal Prozesse und Strukturen etabliert werden. Start-ups und etablierte Konzerne zeigen unterschiedliche Herausforderungen: Während Start-ups oft noch grundlegende Budgetierung und Prozesse durchführen müssen, können sie Schwierigkeiten bei der Implementierung von Buchhaltungs- und Reportingstrukturen haben. Ihre fehlende Struktur und daraus resultierende Agilität bieten jedoch Raum für kreative Lösungen und Flexibilität, insbesondere in der Frühphase von Innovationen.

Start-ups zeichnen sich durch ihre Flexibilität und Agilität aus, was ihnen ermöglicht, schnell auf Veränderungen zu reagieren und Ressourcen effizient einzusetzen. Diese Flexibilität erlaubt es Start-ups, einen erheblichen Teil ihres Budgets in Innovation und Produktentwicklung zu investieren, um sich am

Q. Graf Adelmann v. A. und S. Räth, *Konzern und Start-up zwischen Innovation und Funktion*, essentials, https://doi.org/10.1007/978-3-658-44624-6_7

Markt zu differenzieren. Diese Investitionen können als langfristige Ausgaben betrachtet werden, müssen jedoch im Einklang mit geplanten Zielen und finanziellen Möglichkeiten stehen. Ein Problem in der Start-up-Welt besteht darin, dass Unternehmen im ständigen Bemühen um Investorengelder dazu neigen, ihre Erträge und Ausgaben zu optimistisch zu planen, was die Realitätsnähe ihrer Planung mindert. Fehlende Erfahrung im Finanzmanagement kann zu einer Vernachlässigung der Buchhaltung führen, während sich das Unternehmen auf Produktinnovationen konzentriert. Eine vernachlässigte Überwachung der Ausgaben erhöht das Risiko finanzieller Probleme.

Effektives Kostenmanagement ermöglicht nicht nur eine optimale Nutzung von Ressourcen, sondern stärkt auch die Anpassungsfähigkeit eines Unternehmens an sich ändernde Marktbedingungen. Investoren und Stakeholder vertrauen Unternehmen mehr, die ihre Finanzen gut im Griff haben, was den Zugang zu Finanzierungsmöglichkeiten verbessern kann. Eine umfassende Analyse jeder Kostenkomponente und eine kritische Betrachtung aller Ausgaben sind unerlässlich, um Einsparpotenziale zu identifizieren.

Die Überwachung und Steuerung dieser Maßnahmen erfordern ein effektives Reporting mit klaren Key Performance Indicators (KPIs). Die Definition von relevanten KPIs, spezifisch auf Unternehmensziele und Kostenstruktur abgestimmt, ermöglicht die frühzeitige Identifizierung von Problemen und erforderlichen Anpassungen. Ein fortlaufender Optimierungsprozess, unterstützt durch aussagekräftiges Reporting und klare KPIs, gewährleistet langfristige Kostenkontrolle und stärkt die finanzielle Stabilität des Unternehmens.

Die Implementierung eines umfassenden Kostenmanagementansatzes kann verschiedene Herausforderungen mit sich bringen, einschließlich der Komplexität der Kostenstruktur, Widerstand gegen Veränderungen und mangelnder Datenqualität. Eine sorgfältige Planung, klare Kommunikation, Mitarbeitertraining, zuverlässige Datenquellen und eine schrittweise Implementierung sind notwendig, um diesen Herausforderungen zu begegnen.

Verschiedene Maßnahmen, darunter detaillierte Budgetierung, strenge Kostenkontrolle, Optimierung von Geschäftsprozessen und effektives Controlling, können Unternehmen dabei helfen, ein effektives Kostenmanagement zu implementieren. Diese Maßnahmen variieren je nach Branche, Unternehmensgröße und Marktumfeld und müssen kontinuierlich überprüft und angepasst werden.

Insgesamt erfordert effektives Kostenmanagement ein ganzheitliches Verständnis der Unternehmensstruktur und -ziele.

7.2 Kapitalmanagement

Kapitalmanagement ist der Prozess des Umgangs mit den verfügbaren Geld-mitteln eines Unternehmens, um sicherzustellen, dass diese effizient eingesetzt werden, um die Unternehmensziele unter Berücksichtigung des Risikos zu errei-chen. Es umfasst auch die Sicherstellung, dass jederzeit ausreichend Mittel zur Verfügung stehen Abb. 7.1.

Ein wesentlicher Aspekt des Kapitalmanagements ist es, Finanzierungsmittel nicht ausschließlich auf Wachstum auszurichten, sondern auch für unerwar-tete Entwicklungen ausreichend Eigenmittel vorzuhalten [1]. Ein Beispiel für schlechtes Kapitalmanagement liefern verschiedene große Immobilienkonzerne, wie Adler und Signa, die nicht ausreichend mit Eigenmitteln ausgestattet waren, um Umsatzrückgänge oder Projektentwicklungen zu finanzieren, was zu regel-mäßigen großen Sanierungsfällen führte. Risiken sind vielseitig; so können beispielsweise Arzneimittelzulassungen wegfallen, was Pharma-Riesen ohne Pro-dukt zurücklässt, oder bestimmte Geschäftsmodelle, wie das von Karstadt, funktionieren nicht mehr, wo selbst optimales Kapitalmanagement keine Lösung bietet.

Abb. 7.1 Kapitalmanagement

Im Gegensatz zu Konzernen, die auf Basis vorhandener Informationen Umsatz-, Rentabilitäts- und Liquiditätsplanungen vornehmen und anpassen können, sind Start-ups auf Spekulationen angewiesen. Sie können hauptsächlich auf der Kostenseite prognostizieren, wie lange vorhandene Geldmittel ausreichen, um das Unternehmen am Leben zu erhalten – die sogenannte Runway. Während Konzerne Investitionen planen und ihren freien Cashflow sinnvoll einsetzen müssen, stehen Start-ups unter dem ständigen Druck, ihre Prognosen in die Realität umzusetzen, da die Runway begrenzt ist und neue Kapitalgeber erst bei einer positiven Produktentwicklung gefunden werden können. Fehlinvestitionen, die nicht direkt dem Fortschritt des Unternehmens dienen, wie die Einstellung eines Feelgood-Managers bei hoher Mitarbeiterfluktuation oder die Verschönerung einer Hausfassade ohne Mietsteigerung, sind Beispiele für ineffizientes Kapitalmanagement.

Kapitalmanagement ist ein essenzielles Werkzeug, das sowohl von Konzernmanagern als auch von Start-ups beherrscht werden muss, da die Folgen einer Fehlallokation von Kapital verheerend sein können. Einschränkend sei erwähnt, dass Konzernvorstände oft nur befristete Dienstverträge haben, was spekulative Entscheidungen für kurzfristigen Erfolg über langfristige Werte wie Marge, nachhaltige Qualität oder teure Innovationen fördern könnte. Bei nicht-familiengeführten Unternehmen könnte dies das Kapitalmanagement beeinflussen. Ähnliches gilt für die meisten Start-ups, deren Gründer in der Regel nicht mit eigenem Geld arbeiten, was das Risiko bei der Verwendung fremder Mittel erhöht.

Literatur

1. Adelmann Q (2023). Formen der alternativen Unternehmensfinanzierung. Springer Gabler Verlag, Heidelberg 2023, ISBN 978-3658420871

Best of both worlds 8

8.1 Shareholding

Die Gesellschafterstrukturen von Konzernen und Start-ups unterscheiden sich grundlegend. Konzerne haben oft viele teilweise anonyme Anleger; in Deutschland besitzen etwa 5 Mio. Menschen direkte Aktien von Aktiengesellschaften [1]. Der Vorstand wird alle vier Jahre neu besetzt oder vertraglich gebunden und durch einen Aufsichtsrat kontrolliert. Im Gegensatz dazu sind Start-ups anfänglich meist durch die Anteile der Gründer in Form von GmbHs strukturiert. In Konzernen können entweder einzelne Unternehmungen oder Einzelpersonen Anteile halten, die strategische Ziele und Rendite aus dem operativen Geschäft als vordergründige Aufgaben des Vorstandes sehen. Ein Start-up und dessen Gründer stehen vor der Herausforderung, ohne Umsatz und Profitabilität zu Beginn den sogenannten Runway – die Kennzahl der Monate, wie lange das verfügbare Kapital noch ausreicht, um die laufenden Kosten zu tragen – auf maximal 12–24 Monate zu begrenzen. Es geht bei Start-ups also stets um die nächste Finanzierungsrunde, in der regelmäßig 15–25 % der Anteile an Investoren vergeben werden, die auf die nächste Wertsteigerung setzen [2]. Die Gesellschafter eines Start-ups fokussieren sich daher weniger auf langfristige Profitabilität als auf schnelle technologische und Vertriebserfolge des Produkts, wissend, dass sich die Gesellschafterstruktur jährlich ändert.

Auch bei den Mitarbeitenden, die zwar mit ESOP/VSOP (Employee/Virtual Stock Option Plan) fiktiv an den Anteilsrechten der Gesellschaft beteiligt werden, sind die Gründer als Mehrheitsgesellschafter innerhalb von vier Jahren bei Konzernen in der Regel nur noch Minderheitsgesellschafter, sofern das Start-up überhaupt überlebt. Die jährliche Fluktuationsrate von Mitarbeitern inklusive der

Q. Graf Adelmann v. A. und S. Räth, *Konzern und Start-up zwischen Innovation und Funktion*, essentials, https://doi.org/10.1007/978-3-658-44624-6_8

41

Führungskräfte bei Start-ups kann bis zu 50 % betragen [3] und die Überlebensrate eines Start-ups liegt bei nur maximal 30 % in den ersten vier Jahren [4]. Im Gegensatz dazu sind Gesellschafter bei Konzernen finanzierungsfähig und verfügen über Rücklagen, um schwere Zeiten zu verkraften, während solche Strukturen bei jungen Gründern fehlen bzw. Investoren weniger bereit sind, nachzufinanzieren, wenn die Geschäfts- oder Marktentwicklung nicht den Erwartungen entspricht. Der daraus resultierende Druck der Gesellschafter auf Zielerreichung und Verbesserungen ist ständig enorm hoch. Es ist jedoch klar, dass nicht jede Idee gut und nicht jede gute Idee marktfähig ist. Würde eine innovative Idee die Konzentration auf das Produkt allein ermöglichen, wie es in Konzernen der Fall ist, könnte deren Qualität und Durchdachtheit besser sein. Die Verbindung der Dynamik eines Start-ups mit der Kapitalstärke einer Gesellschafterstruktur eines Konzerns könnte enormes Potenzial entfalten.

Ein Beispiel hierfür ist der Lastenradhersteller citkar, wo sich ein strategischer, kapitalstarker Investor mit einem innovativen Team eines Start-ups verbindet.

8.2   Intrapreneurship

Es gibt Menschen, die als angestellte Mitarbeiter so handeln, als ob ihnen das Unternehmen, in dem sie abhängig und weisungsgebunden beschäftigt sind, selbst gehört. Dabei stellt sich die Frage, was für ein Unternehmen besser ist: Mitarbeitende, die sich unternehmerisch verhalten, eigenständig Entscheidungen treffen und im Außenauftritt selbstbewusst die Interessen des Unternehmens vertreten, oder solche, die sich ohne genaue Arbeitsbeschreibung und ohne Absicherung durch weitere Mitarbeitende jeglicher persönlichen Entscheidungsverantwortung entziehen. Start-ups fördern gerne Führungskräfte, die von Natur aus innovativ arbeiten sollen, indem sie motiviert werden, eigene Ideen mit schnellen Entscheidungen zu verknüpfen, um die strategischen Grundideen der Gründer umzusetzen. Dies erfolgt, indem Führungskräfte in Start-ups eigene Bereiche erhalten und Strukturen selbst aufbauen müssen. Um sich als Unternehmer zu fühlen, erhalten die Führungskräfte oft bis zu 20 % der Anteile am Unternehmen durch virtuelle Anteile (VSOP/ESOP). Sie werden also sozial gefördert und sollen wirtschaftlich profitieren, um eine stärkere Identifikation mit dem Unternehmen zu erreichen.

In Konzernen hingegen erfolgt eine Motivation eher durch Titel und Unterschriftenvollmacht. Wenn beispielsweise ein Bankberater länger dem Institut angehört, werden gerne Prokura erteilt.

Letztendlich gibt es nichts Besseres, als Mitarbeitende, die sich mit dem Unternehmen identifizieren und sowohl kostenbewusst handeln als auch selbst

Entscheidungen treffen können. Hierzu müssen sie auch befähigt werden. Dies beginnt stets damit, die Unternehmensstrategien zu erläutern und außerdem die Kenntnisse und Fähigkeiten aller Mitarbeitenden zu trainieren und zu erweitern. Erst mit einem breiten Verständnis des Gesamtbildes kann ein Mitarbeitender einer Abteilung das Gesamtbild erkennen.

Beispiel

Eine freie Autowerkstatt hat drei Abteilungen: Fahrzeugpflege, Mechanik und Unfallinstandsetzung. Der Leiter der Fahrzeugpflege soll seine Preise jährlich überprüfen und stellt fest, dass die aktuellen Preise gerade einmal kostendeckend sind. Er möchte die Preise gerne verdoppeln. Die Befähigung zur Preiskalkulation hat er durch Transparenz des Einkaufs, Zeitkontrolle der Mitarbeitenden und Wettbewerbsanalysen erhalten. Der Unternehmer setzt die Preise unter das Marktniveau, weil er eine hohe Auslastung und Frequenz von Kunden erreichen möchte. Die Fahrzeugpflege dient also strategisch gesehen „nur" der Kundengewinnung für Wartungsleistungen und Unfallinstandsetzungen, die erheblich höhere Margen haben. Würde man den Mitarbeitenden hier allein auf Profitabilität setzen lassen, wäre die Fahrzeugpflege zwar profitabel, allerdings würden weniger Kunden Leistungen der anderen Abteilungen in Anspruch nehmen.◄

In einem Konzern wie der Commerzbank oder der Deutschen Bahn mag es Vorstandsstrategien geben, die weniger gut erklärt sind, weshalb einzelne Abteilungsleiter nicht dazu befähigt werden, eigene Entscheidungen zu treffen. Im Tagesgeschäft gibt es deshalb praktisch keine Intrapreneure und damit automatisch weniger Initiativen für Innovation und sonstige Neuerungen.

Beispiel

Die Allianz Versicherung hat 2001 die Dresdner Bank für etwa 30 Mrd. EUR übernommen. Ziel war der Verkauf von Versicherungen an Dresdner Bank-Kunden. Sieben Jahre später verkaufte die Allianz die Dresdner Bank mit einem Verlust von 20 Mrd. EUR an die Commerzbank weiter, nachdem die Hälfte der Mitarbeitenden der Dresdner Bank abgebaut wurde. Die überwiegend mittelständischen Kunden kauften keine Allianz-Policen von ihren Bankberatern, wenn sie nicht gleichzeitig Kredite zur Finanzierung ihrer Unternehmen erhielten. Hier fehlte offenbar eine klare Strategie zur Verknüpfung von Finanzierung und Versicherung.◄

Es gibt weitere Gründe, Intrapreneure aufzubauen: Mitarbeiterbindung und niedrigere Gehaltszahlungen. Gesellschafter, die in den Gesellschafterlisten eingetragen sind und somit „echte" Anteile erhalten, wird man im Falle der Trennung nicht schnell wieder los; die Bewertung der Unternehmensanteile ist kompliziert und langwierig im Streitfall, und die Stimmrechte von Anteilseignern sind nicht einfach zu umgehen. Deshalb werden gerne VSOPs/ESOPs (Virtual Stock Option Plan) oder PSPOs (Phantom Stock Option Plan) an Mitarbeitende vergeben. Es entsteht ein schuldrechtliches Vertragsverhältnis zwischen Gesellschafter und Mitarbeitenden – zusätzlich zum Arbeitsvertrag, der zwischen Gesellschaft und Mitarbeitenden geschlossen wird. Der Unterschied ist, dass Inhaber solcher virtuellen Anteile weder Stimmrecht haben, noch ihre Anteile wie ein Gesellschafter dinglich sichern können. Außerdem werden solche bewertbaren Vermögenswerte besteuert. Die Beteiligung am Erfolg soll die Identifikation und damit die Bindung zum Unternehmen erhöhen Abb. 8.1.

Die Vergabe von virtuellen Anteilen an einer Ideen-Gesellschaft ist für Konzerne unmöglich bzw. nicht erwünscht. Es gibt natürlich (seltene) Beispiele, die

Vertrag Gesellschafter – Mitarbeiter ⇢ **virtuelle Anteile**
Vertrag Gesellschaft – Mitarbeiter ⇢ **Arbeitsvertrag**

Vorteile:

- Unbegrenzte Vergabe und Einziehung auch kleiner Anteile
- Vergabe an Mitarbeiter oder Dritte möglich
- Verringert Gehaltskosten, schont Liquidität
- Lohnsteuer erst mit Kapitalzufluss
- Mitarbeiterbindung

Nachteile:

- Abstrakte Mitarbeiterbindung schwächer als dingliche
- Fiktiver Wert jährlich zu berechnen
- Nicht abschließend steuerlich und rechtlich bewertet bei Streit

Abb. 8.1 VSOP/ESOP

zeigen, dass auch etablierte Gesellschaften Management-Buy-Outs durchführen müssen. Die rechtliche Grundlage neben der persönlichen Befähigung zum Intrapreneur zu schaffen, ist also möglich. Dies hängt von der unternehmerischen Strategie ab und kann einen Boost für das Unternehmen bedeuten, solange die unternehmerische Zielsetzung beibehalten und befolgt wird.

8.3 Collaboration/Accelerator/Venture Studio

Die Zusammenarbeit zwischen Unternehmen im Innovationsbereich kann neben einem Investment auch durch sogenannte Collaboration-, Accelerator-Programme oder sogenannte Venture Studios erfolgen.

Collaboration (Zusammenarbeit):
„Etablierte Unternehmen greifen zunehmend auf die Ideen von Start-ups zurück, um die Digitalisierung und die Energiewende voranzutreiben." [5]

Eine Zusammenarbeit erscheint zunächst als Win-Win-Situation für beide Seiten. Je nach Ausprägung und Tiefe der Zusammenarbeit kann das Start-up sein Produkt in den Test oder den realen Betrieb überführen und das Produkt über den MVP-Status hinaus zur Marktreife entwickeln. Es erhält Zugang zu Kapital, kann auf Unternehmensstrukturen wie Buchhaltung oder Logistik zugreifen oder sogar das vorhandene Kundennetzwerk nutzen, während sich der Konzern Zugang zu Innovationen außerhalb der eigenen Strukturen verschafft und das Projekt somit nicht mehr zwangsläufig und vollumfänglich in den eigenen Strukturen „gefangen" ist.

Das bringen die beiden Unternehmen mit (Tab. 8.1):
Durch die geschickte Kombination ihrer Vorteile können Start-ups und Konzerne in Partnerschaften Synergien schaffen, die Innovation fördern und die Marktposition beider Seiten stärken. Um solche Programme erfolgreich zu durchlaufen, sind einige klare Bausteine erforderlich:

Zuallererst müssen die wechselseitigen Erwartungen an der Zusammenarbeit besprochen werden: Wer bringt welche Beiträge, und wo liegen die Grenzen? Da jeder Mensch Begriffe unterschiedlich versteht, müssen im zweiten Schritt die konkreten Themen zusammengestellt und die Spezialisierungen festgelegt werden. Die Führungsspitzen müssen sich zudem klar zur Zusammenarbeit bekennen. Um von Anbeginn Frustrationen zu vermeiden, ist operativ auf Augenhöhe abzustimmen, welche Bedürfnisse das Start-up hat, um frei arbeiten zu können. Zu guter Letzt leben Start-ups von Fehlern und einer entsprechenden Fehlerkultur, wohingegen große Unternehmen auf Fehlervermeidung ausgerichtet sind. Dieser

Tab. 8.1 Vergleich Start-up und Konzern

Start-up	Konzern
Agilität und Innovationskraft: Start-ups können flexibel auf sich ändernde Marktbedingungen reagieren und innovative Ideen schnell umsetzen **Fokussierung auf Kernkompetenzen:** Start-ups können sich auf ihre Kernkompetenzen konzentrieren, ohne von umfangreichen bürokratischen Strukturen eingeschränkt zu werden. Dies ermöglicht eine effiziente Entwicklung und Umsetzung innovativer Lösungen **Schnelligkeit in der Markteinführung:** Durch ihre geringe Größe und flache Hierarchien können Start-ups Produkte oder Dienstleistungen schneller auf den Markt bringen, was in sich schnell verändernden Branchen entscheidend ist	**Ressourcen und Infrastruktur:** Konzerne verfügen in der Regel über umfangreiche finanzielle Ressourcen und etablierte Infrastrukturen. Diese können genutzt werden, um Entwicklungsprojekte zu skalieren und in großem Umfang umzusetzen **Marktzugang und Erfahrung:** Etablierte Konzerne haben oft einen etablierten Marktzugang und langjährige Erfahrung in der Branche. Dies erleichtert den Start-ups den Zugang zu bestehenden Kunden und Märkten **Risikoteilung und Stabilität:** Durch die Zusammenarbeit mit einem Konzern können Start-ups das finanzielle Risiko teilen. Konzerne bieten eine stabilere Umgebung und können dazu beitragen, das Überlebensrisiko in den frühen Phasen zu reduzieren

Kulturkonflikt muss vorher ausgeräumt oder im Prozess behoben werden. Es ist essenziell, dass beide Seiten klare, gemeinschaftliche Ziele festlegen und sich auf ihre individuellen Stärken fokussieren. Die Zusammenarbeit zwischen Start-ups und Konzernen bietet jeweils einzigartige Vorteile, die sich gegenseitig ergänzen können.

„**Accelerator-Programme** sind zeitlich begrenzt und folgen einem straffen Zeitplan, der darauf abzielt, die teilnehmenden Teams zu pushen, ihre Geschäftsideen zum schnellen Erfolg zu bringen. Die Entwicklung findet in einem kürzeren, dafür aber intensiveren Rahmen statt." [6] Während des Programms durchlaufen die Start-ups verschiedene Projektschritte und werden durch die Veranstalter gefördert und betreut. Solche Programme bieten eine Vielzahl von Vorteilen für teilnehmende Start-ups: Acceleratoren bieten in der Regel eine finanzielle Unterstützung in Form von Seed-Finanzierung (das ausgesäte Startkapital) oder einem bestimmten Budget. Dies ermöglicht es den Start-ups, ihre Ideen zu entwickeln, Kosten für Prototypen zu decken und somit erste Schritte in Richtung Markteinführung zu unternehmen.

Ein weiteres Merkmal von Accelerator-Programmen ist das umfassende Mentoring und Coaching durch erfahrene Unternehmer, Branchenexperten oder (mögliche) Investoren. Der Zugang zu Fachwissen ermöglicht es den Start-ups, von deren Fehlern und Erfahrungen zu lernen, was besonders bei anfänglichen strategischen Entscheidungen im Zuge der Gründung und der Produktentwicklung sehr hilfreich sein kann. Es vermeidet eigene Fehler und spart somit Zeit und Geld für das Start-up. Durch den Fokus auf intensives Coaching und Ressourcenbereitstellung beschleunigen Accelerator-Programme den Markteintritt. Dies ist besonders wichtig in schnelllebigen Branchen, in denen ein zeitlicher Entwicklungsvorsprung entscheidend sein kann. Dazu kommt der mögliche Zugriff auf Netzwerke, was zu einem breiten Potpourri von Kontakten von Mentoren, Investoren und weiteren Kunden führen kann.

Für die etablierten Unternehmen bietet die Teilnahme an Accelerator-Programmen eine Vielzahl eigener Vorteile. Durch die enge Zusammenarbeit mit Start-ups erhalten sie Zugang zu innovativen Ideen, Technologien und Geschäftsmodellen. Darüber hinaus können auch frühzeitig vielversprechende Marktopportunitäten identifiziert werden, und das Produkt des Start-ups kann entsprechend einer eigenen Problemstellung angepasst werden. Somit profitieren sie auch hier von der Agilität und Flexibilität des Start-ups. Ein weiterer Pluspunkt besteht darin, den Talentpool zu erweitern, indem talentierte Unternehmer und Fachleute in die Konzernstruktur integriert werden. Die Zusammenarbeit fördert zudem eine innovative Unternehmenskultur, da Konzerne von der Mentalität und Arbeitsweise der Start-ups lernen können. Durch die Risikoteilung in Accelerator-Programmen können Konzerne ihre Kosten für Forschung und Entwicklung reduzieren und gleichzeitig unternehmerische Risiken minimieren. Die beschleunigte Produktentwicklung ist ein weiterer entscheidender Aspekt, da Konzerne von den Ressourcen und der Geschwindigkeit der Start-ups profitieren. Insgesamt bieten Accelerator-Programme somit eine effektive Möglichkeit für Konzerne, ihre Innovationskraft zu steigern, wertvolle Marktkenntnisse zu gewinnen und ihre Wettbewerbsposition nachhaltig zu stärken.

Venture Studios verfolgen das Ziel, Geschäftsmodelle und Ideen in ihren allerersten Phasen zu prüfen und zu testen. Mit geringem Kapitalbedarf wird so ein MVP (Minimum Viable Product) validiert. Nach erfolgreicher Validierung suchen die Studios oft nach weiteren externen Gründern, die bereit sind, die Start-Ups zu übernehmen und einen Ansatz zu verfolgen, der stark auf Venture Capital ausgerichtet ist. Auch hier geht es vorrangig um intensive Betreuung des Start-ups. Diese werden hier aktiv in den Phasen der Ideengenerierung bis zur Markteinführung begleitet, was zu einer höheren Erfolgs- bzw. Überlebensrate des Start-ups und seiner Idee führt. Allerdings kann hier auch äußere Einmischung zu Fehlentscheidungen oder Frustration bei den Gründern führen, weil etwas, wie die Einführung von Kostenstellen, als zu früh oder das Einführen umfangreicher Meeting- oder Reporting-Strukturen als noch nicht notwendig angesehen werden kann. Gerade Start-up-Gründer sind oft produktverliebt und wollen eher ihre Vision umsetzen, anstatt ihre Zeit mit der Etablierung langweiliger Prozessstrukturen zu verbringen. Dennoch bieten ihnen Venture Studios finanzielle Mittel, Fachwissen und oft dazu Infrastruktur, um Start-ups bei der Produktentwicklung zu unterstützen.

Durch weitere Netzwerkeffekte kann es für das Start-up auch zu einem „unfair advantage" kommen, da man direkt Zugriff auf einen großen Kunden hat – nämlich das Unternehmen, welches hinter dem Venture Studio steht. Analog zur bereits beschriebenen Kollaboration ist hier vorab seitens des Start-ups und des Studios klar die jeweilige Erwartungshaltung zu besprechen, um möglichen Problemen vorab begegnen zu können. Das Start-up sollte die eigene strategische Ausrichtung mit der Vision des Venture Studios abgleichen. Hinzu kommt, dass beide im Voraus alle rechtlichen Aspekte der Zusammenarbeit, einschließlich der Anteilsverteilung, der geistigen Eigentumsrechte und anderer vertraglicher Vereinbarungen, klären müssen. Es muss sich auf Bewertungen und Investitionssummen geeinigt werden, da nun Anteile an das Venture Studio für Kapital, Netzwerk und Infrastruktur vergeben werden. Es entsteht eine nicht mehr so leicht aufzulösende oder später zu adaptierende Partnerschaft. Venture Studios sind durch ihre Unabhängigkeit vom Konzern meist agiler und verstehen viel besser, dass Fehler ein Teil der Entwicklung sind und kein direktes Scheitern. Eine transparente und offene Kommunikation in der Zusammenarbeit ist jedoch entscheidend. Regelmäßige Updates, Feedback-Sitzungen und klare Kanäle für den Informationsaustausch tragen dazu bei, Missverständnisse zu vermeiden.

8.4   Netzwerkeffekte

Wenn ein Konzern mehrere Branchen und Unternehmen leitet, erleichtert es ihm, Finanzsicherungen oder Querinvestitionen durchzuführen, die einzelnen schwächelnden Unternehmensteilen Überlebens- und Verbesserungsoptionen bieten – eine Möglichkeit, die Start-ups naturgemäß nicht nutzen können. Wir unterschätzen allgemein die Verbindungen von unternehmerischen Netzwerken, sowohl national als auch international. Es existieren zahlreiche Netzwerke, die Branchen unterschiedlicher Unternehmensgrößen miteinander verbinden, angefangen bei Industrie- und Handelskammern bis hin zu Nachhaltigkeitsverbänden und anderen Interessenverbänden, die politischen Einfluss nehmen sollen. In der Bundesrepublik sind mehr als 15.000 Netzwerkverbände registriert [7]. Das Kartellrecht sowie Spezialgesetze wie das UWG (Gesetz gegen den unlauteren Wettbewerb) schränken zwar Verbindungen zu Lasten von Wettbewerbern und Verbrauchern ein, dennoch ist es einfacher, ein neues Produkt in bestehende Vertriebsstrukturen einzuführen.

Beispiele

- Das Start-up citkar musste Kunden für sein selbst entwickeltes Lastenrad mühsam akquirieren. Nachdem jedoch der Mubea-Konzern einstieg, verbesserte sich der Zugang zu anderen Konzernen hinsichtlich des Lastenradverkaufs erheblich.
- Polyteia musste jede Gemeinde für seine Datensoftware mühsam und kalt akquirieren. Eine große Unternehmensberatungsgesellschaft wollte bei Polyteia insbesondere mit dem Argument einsteigen, dass bereits beratene Bundes- und Landesbehörden-Kontakte genutzt werden könnten, um den Zugang zu erleichtern. Obwohl hier die Ausschreibung von Leistungen vorgeschrieben ist, war die Software frei von Wettbewerb. Letztendlich entschied sich Polyteia 2021 und 2022 für andere Investoren.
- Das FinTech-Start-up Payolution (heute „Unzer") entschied sich für VISA als Investor, was den Zugang zu Einzelhändlern und Nutzern sowohl breiter als auch schneller machte und auch international erleichterte.◄

Konzernbeteiligungen können also aufwendige Vertriebsakquisitionen umgehen und somit schneller Kunden gewinnen, Feedback zum Produkt oder zur Dienstleistung erhalten. Der Vorteil, den Bestandsunternehmen im Vertrieb gegenüber Start-ups haben, ist demnach enorm. Für Start-ups können strategische Investoren wertvoll in Bezug auf Wachstum und Umsatz sein sowie zudem zur Gewinnung von Qualität beitragen.

8.5 Technologische Reife

Der TRL (Technology Readiness Level) ist ein Begriff, der von der Europäischen Kommission seit 2014 verwendet wird und im Rahmen des europäischen Förderprogramms Horizon 2020 eingeführt wurde [8].
Entwickelt wurde die Skala 1988 von der NASA. Die TRL-Skala reicht von 1 bis 9 und dient dazu, den Fortschritt von technologischen Entwicklungen in

verschiedenen Phasen zu beschreiben, die von der Idee bis zur Markteinführung führen (Tab. 8.2).

Die TRL-Skala ermöglicht es Unternehmen, den Reifegrad einer Technologie oder eines Produkts zu ermitteln. Ein höherer TRL-Level signalisiert eine höhere Reife und geringeres Risiko für die Markteinführung. Unternehmen können diese Skala nutzen, um den Fortschritt ihrer Technologie zu verfolgen und geeignete Maßnahmen in den jeweiligen Phasen zu ergreifen.

Die Frage, ob ein Start-up oder ein Konzern besser auf einer bestimmten TRL-Stufe positioniert ist, hängt von verschiedenen Faktoren ab, einschließlich der Natur des Innovationsprojekts, der verfügbaren Ressourcen, der Flexibilität und Agilität des Unternehmens sowie der spezifischen Anforderungen in jeder Phase des Technology Readiness Levels (TRL).

- **Forschung** (TRL 1–3):
  - Start-up: Start-ups könnten agiler und flexibler sein, um innovative Ideen zu erforschen und erste Machbarkeitsstudien durchzuführen. Sie könnten schneller auf sich ändernde Marktanforderungen reagieren.
  - Konzern: Große Konzerne könnten mehr Ressourcen für umfangreiche Forschungsprojekte haben und möglicherweise etablierte Forschungslabore oder Partnerschaften mit Forschungseinrichtungen nutzen.
- **Entwicklung** (TRL 4–6):
  - Start-up: Start-ups könnten in dieser Phase schneller Prototypen entwickeln und validieren, da sie oft weniger bürokratische Hürden haben und sich auf spezifische Innovationsprojekte konzentrieren können.
  - Konzern: Große Konzerne haben oft mehr Ressourcen für die Entwicklung von aufwendigen Prototypen und können auf ihre bestehende Infrastruktur zurückgreifen. Sie könnten auch in der Lage sein, umfangreiche Tests in verschiedenen Umgebungen durchzuführen.
- **Realisierung** (TRL 7–9):
  - Start-up: Start-ups sind in der Regel flexibler, um Prototypen in realen Umgebungen zu demonstrieren. Allerdings könnten begrenzte Ressourcen die Skalierbarkeit und den Betrieb beeinträchtigen.
  - Konzern: Große Konzerne haben oft die finanziellen Mittel und die Erfahrung, um Technologien in operativen Umgebungen zu demonstrieren. Sie können auch besser auf den Markteintritt vorbereitet sein.

Es ist wichtig zu beachten, dass keine der beiden Unternehmensformen grundsätzlich besser ist. Der Erfolg hängt stark von der strategischen Ausrichtung, den verfügbaren Ressourcen, der Fähigkeit zur Anpassung und der Effizienz in jeder

Tab. 8.2   TRL-Skala

Stadium	TRL	Phase	Erklärung
Forschung	1	Grundlagenkonzept	Ideen oder Konzepte werden auf ihre theoretische Validität überprüft
	2	Technologiekonzept formuliert	Ideen oder Konzepte werden auf ihre theoretische Validität überprüft
	3	Beweis der Machbarkeit	Das Konzept wird weiter ausgearbeitet und es wird festgestellt, dass es technisch machbar ist
Entwicklung	4	Technologiemodell oder Prototyp entwickelt	Ein funktionierendes Modell oder ein Prototyp wird entwickelt, um die Machbarkeit in einer relevanten Umgebung zu demonstrieren
	5	Prototyp validiert im relevanten Umfeld	Der Prototyp wird unter realen Bedingungen validiert, um seine Leistungsfähigkeit zu überprüfen
	6	Prototyp demonstriert in einer relevanten Umgebung	Der Prototyp wird in einer relevanten Umgebung demonstriert, um seine Funktionalität unter realen Bedingungen zu zeigen
Realisierung	7	Demonstration des Prototyps im Betrieb	Der Prototyp wird in einer operativen Umgebung getestet, um seine Effektivität zu zeigen
	8	System komplett und qualifiziert	Das System ist komplett und qualifiziert, um seinen Einsatz in einer betrieblichen Umgebung zu ermöglichen

(Fortsetzung)

Tab. 8.2 (Fortsetzung)

Stadium	TRL	Phase	Erklärung
	9	System bewährt sich im operativen Einsatz	Das System hat sich im operativen Einsatz bewährt, ist einsatzbereit und hat möglicherweise bereits Markteinführung und -akzeptanz erfahren

Siehe zur TRL-Spezifikation auch https://ec.europa.eu/research/participants/data/ref/h2020/wp/2014_2015/annexes/h2020-wp1415-annex-g-trl_en.pdf

Phase des TRL ab. In einigen Fällen könnten Partnerschaften zwischen Start-ups und Konzernen eine effektive Möglichkeit sein, die Stärken beider Modelle zu kombinieren. Start-ups können Innovation und Agilität einbringen, während Konzerne Ressourcen und Infrastruktur bieten können.

Hierbei ist das MVP (Minimum Viable Product) ein wichtiger Teil einer Produktinnovation. Der Weg zur Entwicklung eines MVP besteht wiederum aus mehreren aufeinanderfolgenden Stufen, die dazu dienen, ein Produkt mit minimalen Funktionen und Ressourcen vor allem schnell auf den Markt zu bringen und dann basierend auf dem Feedback der Nutzer und den gewonnenen Erfahrungen weiter zu verbessern. Zunächst entsteht die Grundidee durch Brainstorming, Marktanalysen und Kundenfeedback. Darauf folgt eine detaillierte Marktforschung, die die Zielgruppe, Wettbewerbsprodukte und Markttrends analysiert. Nach der Ideenfindung und Marktforschung erfolgt die Festlegung der Kernfunktionen, bei der essenzielle Merkmale basierend auf der Idee und Marktforschung identifiziert werden. Anschließend wird ein erster Prototyp erstellt, der grundlegende Produktfunktionen visualisiert, beispielsweise durch Wireframes oder Mockups (Grundgerüste des Aussehens einer Software oder eines Produktes). Der Prototyp wird dann mit potenziellen Nutzern oder Stakeholdern validiert, und das gesammelte Feedback wird genutzt, um mögliche Verbesserungen vorzunehmen. Die eigentliche Entwicklung des MVP, also einer funktionsfähigen Version des Produkts mit den notwendigen Merkmalen zur Problemlösung, schließt sich an. Das MVP wird in einer begrenzten Veröffentlichung auf den Markt gebracht, möglicherweise für ausgewählte Nutzergruppen oder in einem bestimmten geografischen Bereich. Während dieser Phase erfolgt eine aktive Feedback-Sammlung durch Umfragen, Bewertungen, Analysen und direkte Kommunikation. Basierend auf dem gesammelten Feedback werden Anpassungen und Verbesserungen am MVP vorgenommen. Dieser Zyklus von Veröffentlichung,

Feedback und Anpassung wird fortgesetzt, um das Produkt kontinuierlich zu verbessern und seine Marktfähigkeit zu steigern.

Durch diese schrittweisen Stufen können Teams sicherstellen, dass das entwickelte Produkt nicht nur die gewünschten Funktionen bietet, sondern auch auf tatsächlichen Nutzererfahrungen und Feedback basiert und somit die Chance auf Marktanteile der Innovation erhöht.

In der Regel kann ein Start-up schneller ein MVP entwickeln als ein Konzern. Dies liegt an mehreren Faktoren:

- **Flexibilität und Agilität:**
  Start-ups sind in der Regel flexibler und agiler als große Konzerne. Sie können schneller Entscheidungen treffen, haben weniger bürokratische Hürden und können sich schnell an veränderte Anforderungen anpassen.
- **Schlanke Strukturen:**
  Start-ups haben oft schlankere Organisationsstrukturen. Es gibt weniger Hierarchien und Entscheidungsebenen, was die Kommunikation und Umsetzung beschleunigen kann.
- **Fokus auf das Kernprodukt:**
  Start-ups konzentrieren sich oft auf ein Kernprodukt oder eine Kernidee. Dies ermöglicht es ihnen, Ressourcen effizienter zu nutzen und sich auf die Entwicklung des MVP zu konzentrieren, ohne von komplexen Strukturen und Prozessen behindert zu werden.
- **Geringere Bürokratie:**
  Start-ups sind in der Regel von weniger bürokratischen Prozessen betroffen. Große Konzerne haben oft mehr interne Genehmigungsprozesse und Compliance-Anforderungen, die die Entwicklung verlangsamen können.
- **Kleine Teams:**
  Start-ups arbeiten oft mit kleineren, hochspezialisierten Teams. Diese Teams können schneller kommunizieren und zusammenarbeiten, was die Entwicklungszeit verkürzen kann.
- **Hohe Risikobereitschaft:**
  Start-ups sind bereit, höhere Risiken einzugehen, da sie oft in einer dynamischen Umgebung operieren und versuchen, sich schnell am Markt zu positionieren. Diese Risikobereitschaft ermöglicht es, schnelle Entscheidungen zu treffen und Innovationen voranzutreiben.

Allerdings gibt es auch Situationen, in denen Konzerne durch ihre Ressourcen, Branchenexpertise und bestehenden Kundenbeziehungen Vorteile haben können.

Insbesondere wenn es um die Skalierung und Markteinführung eines erfolgreichen MVP geht, können große Unternehmen besser auf bereits bestehende Strukturen und Ressourcen zurückgreifen. Es ist wichtig zu beachten, dass die Geschwindigkeit der MVP-Entwicklung nicht immer ausschlaggebend ist. Die Qualität des MVPs und seine Anpassung an die tatsächlichen Bedürfnisse der Zielgruppe sind genauso wichtig für den Erfolg auf dem Markt. Ein ausgewogenes Verhältnis zwischen Schnelligkeit und Effektivität ist entscheidend, unabhängig von der Größe des Unternehmens.

Literatur

1. Statista Research Department (2024). Zahl der direkten Aktionäre in Deutschland von 1996 bis 2023. Statista GmbH, https://de.statista.com/statistik/daten/studie/75227/umfrage/zahl-der-direkten-aktionaere-in-deutschland/, abgerufen am 14.02.2024
2. FasterCapital (2024). Wie hoch ist die durchschnittliche Burn-Rate für ein Startup? https://fastercapital.com/de/unternehmer-fragen/Wie-hoch-ist-die-durchschnittliche-Burn-Rate-fuer-ein-Startup.html, abgerufen am 14.02.2024
3. Hunter J S (2022). N26 kämpft weiter mit Mitarbeiter-Abwanderung. FINANCE FWD, https://financefwd.com/de/abwanderung-n26-mitarbeiter/, abgerufen am 14.02.2024
4. Gründerpilot (2024). Wie viele Startups scheitern. Finrocks GmbH, https://www.gruenderpilot.com/wie-viele-startups-scheitern/, abgerufen am 14.02.2024
5. Jordanova-Duda M (2021). Wie sich Konzerne und Start-ups näherkommen. Deutsche Welle, https://www.dw.com/de/wie-sich-konzerne-und-startups-näher-kommen/a-600 45623, abgerufen am 18.02.2024
6. STARTPLATZ Wiki Start-up Szene (2024). Startup Accelerator. Familie Gräf Holding GmbH, https://www.startplatz.de/startup-wiki/accelerator/, abgerufen am 18.02.2024
7. Richter T (2018). Die Anzahl der haupt- und nebenamtlich geführten Verbände – Entwicklung seit 1990. Deutsches Verbände Forum, https://www.verbaende.com/fakten/studien-statistiken/#:~:text=Es%20gibt%20nach%20den%20offiziellen,andere%20Körperschaften%20des%20öffentlichen%20Rechts, abgerufen am 15.02.2024
8. Strazza C, Olivieri N, De Rose A et al. (2017). Technology readiness level: guidance principles for renewable energy technologies: final report. Publications Office of the European Union, https://data.europa.eu/doi/10.2777/577767, abgerufen am 18.02.2024

Neuaufstellung der Konzerne als Lösung

9

Wer sich heute die Bundesregierung als Unternehmen vorstellt, könnte unseren Staat als gutes Beispiel dafür ansehen, wie schwer Veränderungen umzusetzen sind, wenn einmal Strukturen gewachsen sind. In Krisenzeiten wird dies besonders deutlich. Der Staatsapparat wächst weiter, ohne die Kernprobleme der Gesellschaft zu lösen. Die Verantwortungsabgabe an Dritte durch die Einforderung von Berichten und die Definition von Anforderungen mit nunmehr fast 100.000 Vorschriften ist gewachsen, während die Übernahme von Eigenverantwortung gesunken ist. Das mag sehr politisch klingen, wird aber durch ein weiteres Beispiel erläutert: die Deutsche Bahn. Der Staatskonzern hat zwischen 2009 und 2023 gut 100.000 weitere Mitarbeiter eingestellt und erreicht so eine Gesamtzahl von etwa 323.000 Mitarbeitenden [1]. Gleichzeitig hat sich das Schienennetz der Bahn seit der Wiedervereinigung um 25 % reduziert [2] und die Pünktlichkeit der Deutschen Bahn ist auf magere 65 % gefallen [3]. Wie also erreicht ein Unternehmen Leistungskernkonstanz ohne Veränderung? Offensichtlich nicht durch einfaches Erhöhen der internen Anforderungen, dem Zahlen höherer Gehälter oder dadurch, mehr Menschen zu beschäftigen. Die hohe Kunst liegt darin, effizient und konsequent Veränderungen durchzuführen, um sich an ständig neue Realitäten anzupassen.

Dies gilt auch für Automobilkonzerne oder die Stahlindustrie. Wenn sich Bedarfe, gesetzliche oder soziale Anforderungen ändern, ist bei großen Unternehmen Veränderungsbrutalität gefordert, je schneller die neue Realität eintritt. Die Veränderungsanforderung konzentriert sich deshalb immer zuerst auf die Kernleistung des Unternehmens bzw. des Produkts. Bei der Bahn wäre es die sichtbare Pünktlichkeit. Im Konzern müsste es deshalb immer darum gehen, alle

Q. Graf Adelmann v. A. und S. Räth, *Konzern und Start-up zwischen Innovation und Funktion*, essentials, https://doi.org/10.1007/978-3-658-44624-6_9

Ressourcen darauf zu verwenden, alle Hindernisse hier und heute sowie hinsichtlich nachhaltiger Steuerung für die Zukunft zu beseitigen und alles andere wegzulassen oder zu kürzen, wenn die Budgets für die Erfüllung der Kernleistung nicht ausreichend sind. Dies betrifft selbstverständlich auch die Auswahl von Mitarbeitenden und Vorständen.

Nehmen wir den E-Brief der Deutschen Post. Ein Jahrzehnt lang zwischen 2010 und 2020 wurde er entwickelt und Millionen Euro in einen E-Brief investiert, obwohl dieser weder das Schriftformerfordernis des BGB erfüllte noch das Briefgeheimnis ersetzen konnte. Zudem gab es zwischenzeitlich verschlüsselte, einfache E-Mails. Dennoch hat die Deutsche Post Multimillionen Euro zur Entwicklung eingesetzt und nicht erkannt, dass die vermeintliche Investition in Innovation nichts weiter war als ein unnützes Produkt.

Gleichwohl ist die Nachbetrachtung immer einfacher als die Vorschau. Letztlich müssen sich Konzerne immer zwei Fragen stellen: 1. Wie sieht mein Produkt in 5–10 Jahren aus? und 2. Wie komme ich dort hin? Darauf muss sich dann die Veränderungsnotwendigkeit richten. Es gibt Produkte und Dienstleistungen, die sich kaum verändern müssen, um Bestand zu haben, oder nur in Nuancen verändert werden müssen. Ein Porzellanhersteller wie KPM beispielsweise leidet darunter, dass Menschen nur ein Service im Leben kaufen und dieses sogar an nachfolgende Generationen verschenken. Geht hieran nichts kaputt, eröffnen sich keine neuen Märkte oder lassen sich keine besonderen Produkte wie ein Kaffeebecher aus Porzellan herstellen und vertreiben, bleibt nur die Hoffnung auf Produktionsoptimierung und Luxus, will KPM Wachstum oder Auslastung sicherstellen.

Veränderungen lassen sich in der Regel über Personal realisieren. Die Voraussetzungen hierfür sind jedoch, dass der Blick auf das Unternehmen, die Dienstleistung und das Produkt nicht geblendet sind. Wir sprechen von „Betriebsblindheit". Während in Konzernen Positionen und vor allem Stellenausschreibungen stets verlangen, dass Bewerber einige Jahre Berufserfahrung in derselben Industrie mitbringen, beginnen Gründer von Start-ups eher selten Unternehmen in einer bereits geübten oder ausgebildeten Tätigkeit [4]. Allein in der Bundesrepublik werden knapp 1,8 Mio. Stellen in jedem Quartal ausgeschrieben [5]. Daneben stehen gut 8000 Personalberater [6], die versuchen, Menschen zu vermitteln. Die Erfahrung zeigt jedoch, dass Wohnungsunternehmen oder Getränkehersteller immer wieder nur jeweils in ihren Branchen suchen. Der Vorteil ist zwar, dass wenn ein Mercedes-Manager zu BMW wechselt, Erfahrungen und Kontakte mitgenommen werden können, aber eine echte Veränderung in Sachen Umdenken oder Blick von außen entsteht dabei nicht. Umgekehrt fehlt Gründern in Start-ups oft die nötige Erfahrung und das nötige Fachwissen.

Beispiele

Ein Start-up wollte die Immobilienprojektentwicklung digitalisieren und Kaufinteressenten die Möglichkeit geben, digital ihre Grundrisse einer Wohnung selbst online einzugeben und zu gestalten. Die Idee kostete gut ein Jahr Arbeit und Geld in der Software-Entwicklung, bis den Gründern jemand (unabhängig von der Marktlage in 2019) erklärte, dass in der Realität ohne Mitwirkung der Fachplaner kaum Leitungsstränge frei im Gebäude verteilbar sind und damit eben die Grundidee nicht funktionieren konnte.

Einem weiteren Start-up aus den USA ist es 2019–2021 gelungen, 15 Mio. EUR für die Digitalisierung der ambulanten Altenpflege zu verbrennen. Die Idee war, hilfsbereiten Nachbarn 25 EUR/Std. zu zahlen, damit sie pflegebedürftige ältere Menschen beim Einkaufen oder Abwaschen unterstützen. In der Realität dürfen Nachbarn einige Leistungen wie den Wechsel der Kompressionsstrümpfe haftungsrechtlich nicht durchführen. 90 % aller Pflegebedürftigen werden von den Sozialkassen finanziert, weshalb die Bereitschaft und Fähigkeit der Pflegebedürftigen und ihrer Angehörigen, Teilleistungen zu bezahlen, nicht vorhanden ist. Die 15 Mio. EUR waren so in Ermangelung des „Zuendedenkens" verbrannt. ◄

Es gibt viele erfolgreiche Ideen von betriebsfremden Personen. So sind Hausverwaltungen im Trott ihrer Jahresbetriebskosten-Abrechnungen selbst nicht auf die Idee gekommen, die Betriebs- und Nebenkostenabrechnungen einfach mit den bereits durch die Heizungsabrechnungsfirmen gesammelten Kunden-, Verbrauchs- und Flächendaten zu kombinieren, um in einer Software auch alle weiteren Betriebs- und Nebenkosten automatisch abzurechnen. Dadurch spart die Hausverwaltung Personal ein und kumuliert Daten und Prozesse, die ohnehin eine gemeinsame Basis haben.

Veränderungen beginnen folglich mit frischem, betriebs- und branchenfremdem, unvoreingenommenem Personal, kombiniert mit der Erfahrung gestandener Unternehmen.

Derzeit führen wir in der EU umfangreiche Diskussionen über das sogenannte Lieferkettensorgfaltspflichtengesetz. Stellen solche Gesetze eher Barrieren für die Entwicklung eines Unternehmens dar oder erleichtern sie diese? Zumindest in der ersten Phase dürfte Ersteres der Fall sein, denn für die Erfüllung der Anforderungen dieses Gesetzes ist eine ständige interne und externe Überwachung

notwendig. Die Überwachung stellt nicht nur für Unternehmen mit vielen Mitarbeitenden eine Herausforderung dar, sondern auch für alle anderen Unternehmen,
denn auch kleinere müssen dutzendseitige Fragebögen beantworten, wenn sie
mit großen Unternehmen zusammenarbeiten. Innerhalb eines jeden Unternehmens entwickeln wir im Laufe der Zeit Strukturen, die Entscheidungsprozesse
verlangsamen und Entscheidungen insgesamt erschweren. Hier gilt es, die richtige Balance und Timing zwischen Machbarkeit und Menschenrechtsoptimierung
zu finden.

Ein Beispiel hierfür ist die Marketingabteilung, die eine neue Farbe für ein
Produkt etablieren will. Nun müssen alle weiteren Abteilungen, von Finanzen
über die Rechtsabteilung bis zur Personalabteilung, ebenfalls mitentscheiden.
Dabei ergeben sich zwei Herausforderungen: Erstens, nicht jeden mitreden zu
lassen und zweitens, Fristen zu setzen, innerhalb derer Mitsprachemöglichkeiten
bestehen.

Diese Prozesse sind besonders in deutschen Baubehörden zu beobachten. Jede
beteiligte Behörde, von der Stadtplanung über den Denkmalschutz bis zu Straßen-
und Umweltämtern, muss zu einem Bauantrag Stellung nehmen. So kann die
Bearbeitung eines Bauantrags leicht 18 Monate dauern. Umgekehrt haben große
Bauunternehmen gelernt, nicht allein mit Architekten Räume und Gebäude zu
planen, sondern von Anfang an Fachplaner für Brandschutz, Statik und mögliche
Nutzer sofort einzubinden, damit Bedenken gleich geäußert und geklärt werden
können. Es gibt also dynamische Prozesse in einigen Branchen, die letztlich dazu
führen, dass Entscheidungen schnell und direkt getroffen werden können.

Das gilt auch für Museen. Es ist nicht hilfreich, eine Ausstellung neu zu kura-
tieren, ohne den operativen Betrieb zu konsultieren, ob die Objekte praktisch
im Regelbetrieb platziert werden können. Die eigentliche Frage ist dann, wo
die Grenzen der Mitsprache liegen. Wenn man beispielsweise bei der Farbwahl
jedem Juristen erlaubt, jedes Risiko auszuschließen und allen Fachabteilun-
gen sowie Antidiskriminierungsbeauftragten ein Zustimmungsveto einzuräumen,
wird immer der Weg des geringsten Widerstands innerhalb des Unternehmens
gewählt – mit dem geringsten Risiko und damit dem schwächsten Inhalt.
Abgesehen davon, dass solche Prozesse Zeit kosten und den eigentlichen Ent-
scheidungsträgern die Motivation nehmen, sie zu durchlaufen. Bei Start-ups gibt
es keine Rechts- und Spezialabteilung. Hier treffen die Gründer selbst schnell
in gemeinsamen Meetings Entscheidungen. Ein Vorschlag, der an einem Mon-
tag zur Entscheidung vorliegt, ist bereits am Dienstag entschieden. Barrieren
abzubauen, bedeutet also nicht, die Teammitnahme zu beenden, sondern klare
Prozesse zu etablieren und zwischen Anhörung und Mitsprache zu unterscheiden.
Die Verantwortung der produzierenden Gewerbe ist sehr hoch. Denn neben der

Produktionsindustrie leben sehr viele Unternehmen als Dienstleister unmittelbar und mittelbar von unterschiedlichen Herstellungsindustrien. In der Bundesrepublik sind im Bereich der Dienstleistungen rund 75 % aller Beschäftigten tätig, und 70 % der Wertschöpfung erfolgen aus Dienstleistungen [7]. Große Dienstleister sind oft an Produkte und Ideen gebunden, die in Deutschland industriell hergestellt werden. Dienstleistungen sind daher nicht unabhängig von Kernleistungen. Zudem sind Dienstleistungen, sofern sie nicht regional benötigt werden und keine Sprachbarrieren bestehen, darauf angewiesen, ständig qualitativ hochwertige Leistungen zu erbringen und sich besonders den Bedürfnissen der Kunden anzupassen sowie im Wettbewerb schnell und innovativ zu sein.

Ein Beispiel hierfür ist ein Reiseveranstalter mit Sitz in Berlin, der Reisen in die großen Städte Europas anbietet. Nun hat ein Unternehmen aus Moldawien denselben Markt besetzt. Die Ansprache erfolgt online, und die Mitarbeitenden sprechen Deutsch. Im Unterschied zum inländischen Anbieter ist das Unternehmen aus Moldawien vollständig digitalisiert, und seine internen Strukturen sind straffer organisiert. Die Mitarbeitenden sind motiviert, da sie besser bezahlt werden als üblicherweise in Moldawien; dennoch liegen die Personalkosten mehr als 50 % niedriger als in Deutschland.

Daher müssen Dienstleistungsanbieter besonders anpassungsfähig und dynamisch sein, um nicht austauschbar zu werden.

Literatur

1. Statista Research Department (2023). Anzahl der Mitarbeiter in der Deutsche Bahn AG in den Jahren 2005 bis 2022. Statista GmbH, https://de.statista.com/statistik/daten/studie/13591/umfrage/beschaeftigtenzahl-der-deutsche-bahn-ag/, abgerufen am 15.02.204
2. Pätzold A, Grefe-Huge C, Eckwert L et al. (2022). So ist Deutschlands Schienennetz geschrumpft. FUNKE Medien Berlin GmbH, https://interaktiv.morgenpost.de/bahn-schienennetz-deutschland-1835-bis-heute/, abgerufen am 15.02.2024
3. Tagesschau (2023). Deutsche Bahn verpasst ihr Pünktlichkeitsziel. Norddeutscher Rundfunk, https://www.tagesschau.de/wirtschaft/unternehmen/deutsche-bahn-puenktlichkeitziele-verfehlung-100.html, abgerufen am 15.02.2024
4. Brockmann B (2019). So studieren die Gründer der Zukunft. Süddeutsche Zeitung GmbH, https://www.sueddeutsche.de/karriere/start-ups-so-studieren-die-gruender-der-zukunft-1.4297036, abgerufen am 15.02.2024
5. Statista Research Department (2023). Entwicklung des gesamtwirtschaftlichen Stellenangebots am 1. Arbeitsmarkt in Deutschland vom 3. Quartal 2020 bis 3. Quartal 2023. Statista GmbH, https://de.statista.com/statistik/daten/studie/4122/umfrage/gesamtwirtschaftliches-stellenangebot-in-deutschland/, abgerufen am 15.02.2024

6. Statista Research Department (2022). Anzahl der Personalberater in Deutschland von 2008 bis 2021. Statista GmbH, https://de.statista.com/statistik/daten/studie/261489/umf rage/anzahl-der-personalberater-in-deutschland/, abgerufen am 15.02.2024
7. BMWK (2024). Dienstleistungen. Bundesministerium für Wirtschaft und Klimaschutz, https://www.bmwk.de/Redaktion/DE/Textsammlungen/Mittelstand/dienstleistungswirtsc haft.html#:~:text=Der%20Dienstleistungsbereich%20stellt%20in%20Deutschland,zur% 20Wertschöpfung%20(70%20Prozent), abgerufen am 15.02.2024

Fazit 10

In Zeiten wirtschaftlicher, politischer und gesellschaftlicher Krisen ist es entscheidend, dynamischen Unternehmern und Unternehmen Freiraum zu gewähren. Anpassungsfähigkeit und Innovationskraft zählen zu den wichtigsten Stärken eines Unternehmens, um langfristig neue Ideen zu entwickeln, Arbeitsplätze zu schaffen, Einkommen zu generieren und Steuern zu entrichten. Wenn sich traditionell starre Konzerne die Dynamik vieler Start-ups zu eigen machen, indem sie ihre Prozesse gezielt beschleunigen, und Start-ups von Beginn an effiziente Prozessstrukturen implementieren, die unnötige Fehler und Zeitverluste minimieren – Fehler, die letztendlich das Ende einer vielversprechenden Idee bedeuten könnten –, können beide ihre Potenziale optimal ausschöpfen. Ein Schlüssel zum Erfolg könnte in den hier genannten Prinzipien liegen, die viele Unternehmen oft erst nach Fehlschlägen erkennen – Fehlschläge, die von vornherein vermeidbar gewesen wären. Die Grundprinzipien lauten, Konzentration auf das Kernprodukt, Innovation und Investition in Markt und Kunde, Teamaufbau und Fehlerkultur sowie transparente interne und externe Kommunikation. Das konsequente Eliminieren von unnötiger Bürokratie bei der Entscheidungsfindung ist der Schlüssel zu langfristigem Erfolg.

Q. Graf Adelmann v. A. und S. Räth, *Konzern und Start-up zwischen Innovation und Funktion*, essentials, https://doi.org/10.1007/978-3-658-44624-6_10

Was Sie aus diesem *essential* mitnehmen können

- Tipps zur Neuausrichtung der Fehlerkultur im eigenen Unternehmen
- Übersicht zu Kapitalmanagement
- Vorschläge zur nachhaltigen Werterhöhung des Unternehmens durch beste Innovationskultur
- Modelle des Team-Managements zur Erhöhung unternehmerischer Entscheidungsfreudigkeit

Q. Graf Adelmann v. A. und S. Räth, *Konzern und Start-up zwischen Innovation und Funktion*, essentials, https://doi.org/10.1007/978-3-658-44624-6

Printed in the United States
by Baker & Taylor Publisher Services